dtv

Claudio Magris ist ein Reisender aus Überzeugung, wobei ihn seine nächste Umgebung nicht minder fasziniert als die Ferne. Ob er das Hinterland der Industriestadt Monfalcone erkundet, auf den Spuren von Don Quijote durch Spanien wandert oder in Leningrad die Wohnung besichtigt, in der Dostojewski ›Schuld und Sühne‹ geschrieben hat, stets kommentiert er ebenso engagiert wie nachdenklich, was er sieht und hört. Scharfsinnige politische Analysen wechseln mit impressionistischen Momentaufnahmen: Claudio Magris weitet den Horizont, schärft den Blick für die Poesie des Alltags, sensibilisiert für andere Lebensweisen und lädt nicht zuletzt dazu ein, sich selbst auf die Reise zu machen.

Claudio Magris, geboren 1939 in Triest, studierte in Turin und Freiburg/Breisgau und war bis 2006 als Professor für Deutsche Sprache und Literatur an der Universität Triest tätig. Für sein literarisches Werk erhielt er zahlreiche Auszeichnungen, unter anderem den Manès-Sperber-Preis (1987), den Premio Strega (1997), den Leipziger Buchpreis für Europäische Verständigung (2001) sowie den Österreichischen Staatspreis für Europäische Literatur (2005). 2009 wurde Claudio Magris mit dem Friedenspreis des Deutschen Buchhandels geehrt. Claudio Magris lebt in Triest.

Claudio Magris

Ein Nilpferd in Lund

Reisebilder

Aus dem Italienischen
von Karin Krieger

Deutscher Taschenbuch Verlag

Von Claudio Magris
sind im Deutschen Taschenbuch Verlag erschienen:
Die Welt (13177)
Blindlings (13732)
Ein anderes Meer (13875)
Triest (34175)
Donau (34418)
Utopie und Entzauberung (34595)

FSC www.fsc.org
MIX
Papier aus verantwortungsvollen Quellen
FSC® C019821

2013
Deutscher Taschenbuch Verlag GmbH & Co. KG,
München
Lizenzausgabe mit Genehmigung des Carl Hanser Verlag

Die Originalausgabe erschien erstmals 2005 unter dem Titel
›L'infinito viaggiare‹ bei Mondadori in Mailand.
Die deutsche Ausgabe enthält eine Auswahl der Essays.
Umschlagkonzept: Balk & Brumshagen
Umschlaggestaltung: Wildes Blut, Atelier für Gestaltung,
Stephanie Weischer unter Verwendung eines Fotos von
gettyimages / Grant Faint
Satz: Fotosatz Amann, Aichstetten
Druck und Bindung: Druckerei C. H. Beck, Nördlingen
Gedruckt auf säurefreiem, chlorfrei gebleichtem Papier
Printed in Germany · ISBN 978-3-423-14189-5

Für Marisa

*und für alle Reisegefährten, die ich geliebt habe
und die schon angekommen sind*

Inhalt

Vorwort	9
Auf den Spuren Don Quijotes	42
Der Bücherwurm	52
Ein Vater, ein Sohn	54
Die Inseln der Seligen	56
An Lottes Grab	66
Der sterbende Wald	68
Bei den Lausitzer Sorben	77
Der Tanz des Rabbiners	94
Musikautomaten in Zagreb	104
Cici und Ciribiri	112
In der Bisiacaria	123
Das Land ohne Namen	137
Polen schlägt ein neues Kapitel auf	146
Auf dem Treppenabsatz von Raskolnikow	155
Ein Nilpferd in Lund	162
Der Waldfriedhof	170
Pfarrhaus des Nordens	176
Wasser und Wüste	184
Die Grenzen Vietnams	209

Vorwort

1. Vorworte sind immer verdächtig. Als Schnickschnack, wenn das Buch, das sie einleiten, sie nicht nötig hat, oder als Indiz für seine Unzulänglichkeit, falls es doch eines braucht, können sie die Lektüre verderben, wie wenn man einen Witz erklärt oder seine Pointe vorwegnimmt. Zu einer Sammlung von Reisenotizen mag so ein Prolog allerdings gut passen, ist doch die Reise als solche – durch die Welt und auf dem Papier – eine ständige Vorrede, ein Vorspiel zu etwas, was immer erst noch kommen muss und immer erst noch hinter der Ecke wartet; abreisen, ankommen, zurückkehren, die Koffer packen und wieder auspacken, im Notizbuch die Landschaft festhalten, die während der Durchreise entflieht, zerbröckelt und sich neu zusammenfügt wie eine Filmsequenz mit ihren Überblendungen und neuen Einstellungen oder wie ein Gesicht, das sich im Lauf der Zeit verändert.

Das Vorwort ist wie ein Koffer oder wie ein Necessaire, und das gehört zum Reisen dazu: bei der Abreise, wenn man die wenigen voraussichtlich unentbehrlichen Dinge hineintut und stets etwas Entscheidendes vergisst; dann unterwegs, wenn man alles einsammelt, was man nach Hause mitnehmen möchte; und bei der Rückkehr, wenn man sein Gepäck öffnet und nicht das vorfindet, was am wichtigsten erschienen war, sondern plötzlich Dinge zum Vorschein kommen, von denen man gar nicht mehr wusste, dass man sie eingepackt hatte. So ist das auch beim Schreiben. Was von fundamentaler Bedeutung zu sein schien, während man reiste und lebte, ist verschwunden, ist auf dem Papier nicht mehr zu finden, während etwas anderes, was wir im Leben – auf der Reise des Lebens – kaum bemerkt haben, gebieterisch Gestalt annimmt und sich als wesentlich durchsetzt.

Die Reise beginnt immer wieder neu, muss immer wieder neu beginnen, wie das Leben, und jede Aufzeichnung darüber ist ein Prolog. Verlagert sich der Weg durch die Welt ins Schriftliche, wird er durch den Wechsel aus der Wirklichkeit aufs Papier länger – Notizen werden festgehalten, nachgebessert, teils wieder gestrichen, umgeschrieben, verschoben und in ihrer Anordnung variiert. Eine Montage von Wörtern und Bildern, aufgefangen an einem Zugfenster oder während man durch eine Straße spaziert und um die Ecke biegt. Erst mit dem Tod endet der *status viatoris* des Menschen, seine Daseinsform als Reisender, schreibt der große Theologe und Reisende Karl Rahner. Das Reisen hat also mit dem Tod zu tun, wie schon Baudelaire und Gadda sehr wohl wussten, doch es ist auch ein Aufschub des Todes; ein möglichst langes Hinausschieben der Ankunft, der Begegnung mit dem Eigentlichen, so wie das Vorwort die eigentliche Lektüre hinausschiebt, den Augenblick der endgültigen Abrechnung und des Urteilsspruchs. Reisen nicht um anzukommen, sondern um zu reisen, um so spät wie möglich anzukommen, um möglichst niemals anzukommen.

2. Das Reisen also als Überzeugung. Vielleicht lernte ich die Überzeugung, wie Carlo Michelstaedter sie verstand, vor allem auf Reisen kennen; dieses sich selbst genügende, freie und zufriedene Leben, nach dem Enrico, der Protagonist meines Romans *Ein anderes Meer*, mit selbstzerstörerischer, vergeblicher Beharrlichkeit strebt. Die Überzeugung: der gegenwärtige Besitz des eigenen Lebens, die Fähigkeit, im Augenblick zu leben – in jedem Augenblick und nicht nur in den bevorzugten und den außergewöhnlichen Momenten –, ohne ihn der Zukunft zu opfern, ohne ihn mit Vorhaben und Plänen zunichte zu machen, ohne ihn nur als einen Moment zu betrachten, den man schleunigst verjagen muss, um etwas anderes zu erlangen. Fast immer im Leben gibt es mehr als genug Gründe, darauf zu hoffen, dass es schnellstmöglich vergehen möge, dass die Gegenwart schnellstmöglich Vergangenheit werde, dass das Morgen möglichst rasch komme, weil man ungeduldig auf die Antwort des Arztes, auf den Beginn der Ferien, auf die Fertigstellung eines Buches, auf das Ergebnis einer Arbeit oder einer Initiative wartet, und so lebt man nicht, um zu leben, sondern um schon gelebt zu haben, um dem Tod schon näher zu sein, um zu sterben.
Die sich überstürzende und überstürzte Reise, die immer hektischer von der Arbeit und ihrer notwendigen Effekthascherei diktiert wird – insbesondere dem Intellektuellen diktiert wird, diesem Manager seiner selbst und des Geistes, dieser Übertreibung und Karikatur des Industriemanagers –, ist das Gegenteil der Überzeugung, des Anhaltens, des Umherschweifens; sie ähnelt vielmehr dem vorzeitigen

Samenerguss, den Joseph Roth dem *empereur* zuschreibt, als er in seinem Roman *Die hundert Tage* eine Klatschgeschichte über Napoleon aufgreift, dem nicht so sehr am Beischlaf liegt, als vielmehr daran, ihn bereits abgewickelt, erledigt und hinter sich gebracht zu haben. Die Reise des Vortragsredners zwischen einem Flughafen oder Hotel und dem nächsten ist diesem gequälten Orgasmus nicht unähnlich.

Doch als ich in die weiten Donauländer oder in ihre Mikrokosmen an der Peripherie reiste und, stets empfänglich für unvorhergesehene Abstecher, Zwischenstationen und Umwege, eine bestimmte Richtung einschlug, lebte ich überzeugt wie im Angesicht des Meeres. Ich lebte eingetaucht in die Gegenwart, in jenen Stillstand der Zeit, der einsetzt, wenn man sich ihrem leisen Vergehen und dem, was das Leben mit sich bringt, überlässt – gleich einer offenen Flasche unter Wasser, die durch den Fluss der Dinge gefüllt wird, wie der Italienreisende Goethe es beschreibt. Auf einer solcherart erlebten Reise werden die Orte sowohl zu vorläufigen Rastplätzen als auch zu festen Bleiben auf dem Lebensweg, zu flüchtigen Stationen und zu Wurzeln, durch die man sich in der Welt zu Hause fühlt. Da gibt es die Reise bis hinter die Säulen des Herkules und Pickwicks kurze Fahrt zu den Ursprüngen der Teiche von Hampstead oder auch die Reise durch die eigene Wohnung von einem Zimmer ins andere, eine nicht weniger abenteuerliche und auch nicht weniger Wunder und Gefahren bergende Expedition. Die Kapitäne aus Fiume und Triest, die auf großer Fahrt über die Ozeane fuhren, bezeichneten diejenigen, die

nur die kurzen Strecken zwischen Triest und Istrien oder zwischen Fiume und den nahe gelegenen Inseln der Kvarner Bucht zurücklegten, spöttisch als »capitan de cadin«, als Badewannenkapitäne, dabei beschwört die Bora auch in dieser Bucht Unwetter herauf, in denen man durchaus Schiffbruch erleiden kann.
In den Kapiteln des vorliegenden Buches reisen wir in den Mikrokosmos der Bisiacaria und in den Nanokosmos der Ciceria, und die Gangart des Reisenden ähnelt hier wohl der von Lawrence Sterne. Reisen und sich dabei stets zugleich in der Fremde und zu Hause fühlen, doch auch wissen, dass man kein Haus hat, kein Haus besitzt. Wer reist, ist immer ein Herumtreiber, ein Fremder, ein Gast. Er schläft in Zimmern, in denen vor und nach ihm Unbekannte wohnen, ihm gehören weder das Kissen, auf das er seinen Kopf legt, noch das Dach, das ihm Schutz bietet. Und so begreift er, dass man ein Haus, einen Raum, der aus dem Unendlichen des Universums herausgeschnitten ist, niemals wirklich besitzen, sondern nur mit Respekt und Dankbarkeit darin rasten kann, eine Nacht lang oder ein ganzes Leben. Nicht umsonst ist die Reise vor allem eine Rückkehr, und sie lehrt, das eigene Haus freier und dichterischer zu bewohnen. Dichterisch wohnet der Mensch auf dieser Erde, schreibt Hölderlin, doch nur dann, wenn er auch weiß, dass das Rettende dort wächst, wo Gefahr ist – wie es in einem anderen Gedicht heißt.
Auf Reisen, fremd unter Fremden, lernt man gründlich, Niemand zu sein, man begreift konkret, dass man Niemand ist. Gerade dadurch wird es möglich, an einem geliebten

Ort, der beinahe schon körperlich ein Teil oder eine Verlängerung der eigenen Person geworden ist, mit Don Quijote zu sagen: Hier weiß ich, wer ich bin.

3. »Wo gehn wir denn hin?« lautet die Frage in Novalis' großem Roman *Heinrich von Ofterdingen.* »Immer nach Hause«, ist die Antwort. Das Buch gehört zu den großen Werken, in denen die Reise als eine Odyssee erscheint, als ein Sinnbild der Reise durch das Leben. Jede Odyssee fragt danach, ob es möglich ist, durch die Welt zu ziehen, sie also zu einem realen Erlebnis zu machen und so die eigene Persönlichkeit zu formen; die Frage lautet, ob Odysseus – besonders der moderne – trotz der tragischsten und absurdesten Schicksalsschläge am Ende in seiner Identität bestätigt nach Hause zurückkehrt und einen Sinn des Lebens gefunden und nachgewiesen hat, oder ob er lediglich die Unmöglichkeit sich zu entwickeln entdeckt, ob er sich selbst und die Bedeutung seines Lebens unterwegs verliert, weil er auf seinem Weg zerfällt, statt sich aufzubauen.
Nach klassischer Auffassung findet der – wenngleich im Strudel der Dinge verirrte – Mensch letztlich in der Konfrontation mit diesem Strudel zu sich selbst. Während er die Welt durchquert – durch die Welt reist –, entdeckt er die eigene Wahrheit, jene Wahrheit, die am Anfang nur als Möglichkeit in ihm schlummert und die er durch die Konfrontation mit der Welt in Realität überführt. Bei Novalis reist der Held in räumliche und zeitliche Fernen, jedoch nur, um nach Hause zu kommen, um durch die Reise zu sich selbst zu finden. Im *Prinzip Hoffnung* schreibt Bloch, die

Heimat – der Ort, den jeder Heimwehkranke doch in der Kindheit zu sehen glaubt – befinde sich in Wahrheit am Ende der Reise. Diese verläuft im Kreis. Man bricht von zu Hause auf, zieht durch die Welt und kehrt nach Hause zurück, wenn auch in ein Haus, das sich beträchtlich von dem unterscheidet, das man verlassen hat, weil es durch die Abreise, durch die Loslösung von der Heimat, an Bedeutung gewonnen hat. Odysseus kehrt nach Ithaka zurück, doch Ithaka wäre nicht das, was es ist, wenn er es nicht verlassen hätte, um in den Trojanischen Krieg zu ziehen, wenn er nicht die innigen, unmittelbaren Bande zwischen sich und ihm zerrissen hätte, um es dann mit größerer Authentizität wiederzufinden.

Der Bildungsroman, der sich einem zentralen Problem der Moderne widmet, sich also fragt, ob und wie sich das Individuum verwirklichen kann, wenn es sich in das immer komplexer werdende, »prosaische« Räderwerk der Gesellschaft einordnet, ist – von Goethes *Wilhelm Meister* bis zu Novalis' *Heinrich von Ofterdingen* – fast immer auch der Roman einer Irrfahrt, einer Reise. Doch schon bald geht etwas in der Beziehung zwischen dem Einzelnen und dem Ganzen, das ihn umgibt, zu Bruch. Im Getriebe der modernen Gesellschaft wird das Reisen auch ein Ausbrechen, eine gewaltsame Zerschlagung von Grenzen und Bindungen. Die Reise offenbart nicht nur die Vorläufigkeit der Welt, sondern auch die des Reisenden, die Hinfälligkeit des individuellen Ichs, das beginnt, wie Nietzsche mit unerbittlicher Klarheit ahnt, die eigene Identität und die eigene Einheit aufzulösen, ein anderer Mensch zu werden, ein »Übermensch« im eigentlichen Sinn des Wortes, das eben keinen Übermenschen bezeichnet, also kein traditionelles, höher als andere begabtes Individuum, sondern ein neues anthropologisches Stadium jenseits der klassischen Individualität.

Die Reise wird demnach zu einem Weg ohne Wiederkehr, wird zu der Entdeckung, dass es eine Wiederkehr nicht gibt, nicht geben kann und nicht geben darf. Auf die kreisförmige, traditionelle, klassische, ödipale, konservative Reise eines Joyce, dessen Ulysses nach Hause zurückkehrt, folgt die geradlinige Reise von Musils Figuren im Sinne Nietzsches, eine Reise, die immer nur vorwärts geht, hin zu einer schlimmen Unendlichkeit, wie eine Gerade, die dem Nichts entgegenstrebt. *Itaca e oltre* (Ithaka und weiter), wie der Titel eines meiner Bücher lautet; die beiden existentiellen, transzendentalen Modalitäten des Reisens. In der zweiten stürzt das Subjekt, das Ich, der Reisende, ständig vorwärts. Er nimmt in seinem Fortschreiten nicht sich selbst, nicht sein ganzes Selbst mit, sondern macht seine gesamte bisherige Identität jedesmal zunichte und wirft sich weg. »Lâchez tout«, gehen Sie auf Reisen, schrieb 1922 Breton und ermunterte so zum *dépaysement*.

Das Ich auf den Seiten des vorliegenden Buches wandelt von Zeit zu Zeit, ja sogar oft am Rand dieses Zerfalls und beobachtet, wie sich der Schweif seines Lebens hinter ihm auflöst, doch es ist ein Guerillakämpfer, der versucht, sich dieser Auflösung zu widersetzen und – allem zum Trotz allem treu – das ganze Leben mitzunehmen wie eine Schildkröte, die mit ihrem Haus unterwegs ist. Wenn man sich in der Welt verliert und sich der Welt überlässt, löst man sich auf, doch am Ende erkennt und findet man sich auch wieder, wie es in der Parabel von Borges steht, die ich meinem Buch *Die Welt en gros und en détail* als Motto vorangestellt habe: »Ein Mensch setzt sich zur Aufgabe, die Welt abzuzeichnen. Im Laufe der Jahre bevölkert er einen Raum mit Bildern von Provinzen, Königreichen, Gebirgen, Buchten, Schiffen, Inseln, Fischen, Behausungen, Werkzeugen, Gestirnen, Pferden und Personen. Kurz bevor er stirbt, entdeckt er, dass dieses geduldige Labyrinth aus Linien das Bild seines eigenen Gesichts wiedergibt.«

4. Keine Reise, auf der man nicht auch Grenzen überquert – politische, sprachliche, gesellschaftliche, kulturelle und psychologische Grenzen, auch die unsichtbaren, die innerhalb einer Stadt ein Viertel vom anderen trennen, auch die Grenzen zwischen Menschen und auch die gewundenen Grenzen, die in unseren Unterwelten uns selbst den Weg versperren. Grenzen überschreiten, sie auch lieben – sofern sie eine Realität, eine Individualität bestimmen, ihr Gestalt verleihen und sie so vor dem Unterschiedslosen bewahren –, doch ohne sie zu Blutopfer fordernden Götzen zu erheben und anzubeten. Wissen, dass Grenzen dehnbar sind, vorläufig und vergänglich wie der menschliche Körper und daher wert, geliebt zu werden, mit dem Tod am Ende, sterblich wie die Reisenden, doch nicht tödlich, wie sie es schon oft waren und noch sind.
Reisen heißt nicht nur, auf die andere Seite der Grenze zu wechseln, sondern auch zu entdecken, dass man immer

auch auf der anderen Seite steht. In *Wassergrün* erzählt Marisa Madieri die Geschichte vom Exodus der Italiener aus Fiume nach dem Zweiten Weltkrieg und entdeckt in dieser Zeit der slawischen Rückeroberung, die diese Menschen vertreibt, die teils slawischen Wurzeln ihrer Familie, die damals als eine italienische von den Slawen malträtiert wurde, entdeckt folglich, dass sie auch zu der Welt gehört, von der sie sich bedroht fühlt, und dass diese, zumindest teilweise, auch ihre ist.

Als ich in meiner Kindheit auf dem Karst von Triest herumwanderte, war die Grenze, die ich direkt vor meinen Augen hatte, unüberwindlich – zumindest bis zum Bruch zwischen Tito und Stalin und bis zur Normalisierung der Beziehungen zwischen Italien und Jugoslawien –, denn sie war der Eiserne Vorhang, der die Welt in zwei Lager teilte. Hinter dieser Grenze lag das Unbekannte ebenso wie das Bekannte. Das Unbekannte, weil dort das unzugängliche, fremde, bedrohliche Reich Stalins begann, die so oft ignorierte, gefürchtete und verachtete Welt des Ostens. Und das Bekannte, weil dieses nach Kriegsende von Jugoslawien annektierte Gebiet zu Italien gehört hatte; ich war mehrmals dort gewesen, es war ein Teil meines Lebens. Ein und dieselbe Realität war rätselhaft und vertraut zugleich. Als ich zum erstenmal dorthin zurückkehrte, war dies eine Reise sowohl ins Bekannte als auch ins Unbekannte. Mehr oder weniger jede Reise bringt eine solche Erfahrung mit sich: Jemand oder etwas scheint zunächst nah und wohlbekannt zu sein, erweist sich dann aber als fremd und unergründlich, oder eine Person, eine Landschaft, eine Kultur, die wir für anders und fremdartig hielten, erscheint nun vertraut und uns ähnlich. Für die Leute am einen Ufer sind die von der anderen Seite häufig unzivilisiert, gefährlich und voller Vorurteile denen gegenüber, die am anderen Ufer leben. Beginnt man jedoch, auf einer Brücke hin und her zu gehen, indem man sich unter die Leute mischt, die sie überqueren, und von Ufer zu Ufer wechselt, bis man nicht mehr so genau weiß, auf welcher Seite oder in welchem Land man gerade ist, findet man das Wohlwollen für sich selbst wieder und die Freude an der Welt. »Wo ist die Grenze?« fragt Saramago an der Grenze zwischen Spanien und Portugal die Fische, die, je nachdem, an welchem der beiden Ufer sie gerade entlangflitzen, zwar in ein und demselben Fluss, jedoch mal im Rio Duero und mal im Rio Douro schwimmen.

5. Erzähle ich Bekanntes oder Unbekanntes? Don Quijotes Aufbruch möchte die Entdeckung, die Überprüfung und die Bestätigung dessen sein, was man weiß, der in den Ritterromanen gelesenen Wahrheit, der unwandelbaren Gesetze von Liebe und Treue, der Schönheit Dulcineas und der Kraft der Riesen. Auch die Ostjuden, die das Ghetto oder das *shtetl* verlassen, ihr ärmliches, doch vertrautes und von der Schrift geordnetes Leben, und sich nach Westen wagen, treten in die Geschichte ein, indem sie glauben, stets einer nach den Gesetzestafeln geregelten Welt zu begegnen, und alles, selbst die verwirrendsten und widersprüchlichsten Dinge, nach den Parametern des Gesetzes interpretieren.

Doch »es regnet und schneit draußen. Es schneit Geschichte«, sagt Jakow Bok, der arme Gelegenheitsarbeiter auf der Suche nach dem Glück in Malamuds *Der Fixer*. Der ostjüdische Don Quijote ist ebenso wie der aus La Mancha mit dem Unbekannten konfrontiert, mit der Gewalt, der Brutalität und der Vulgarität einer Wirklichkeit, die beide nicht kennen und nicht zulassen wollen. Doch gerade ihre liebevolle Treue zu einer bekannten Ordnung nötigt sie, die Unordnung der Welt, in die sie sich hinauswagen, noch deutlicher wahrzunehmen. Der Reisende ist ein anarchistischer Konservativer, ein Konservativer, der das Chaos der Welt entdeckt, weil er sie mit einem absoluten Maß misst, das ihre Zerbrechlichkeit, ihre Vorläufigkeit, ihre Widersprüchlichkeit und ihre Armseligkeit enthüllt. Kafka wusste, dass man ohne den tiefen Sinn des Gesetzes nicht seine schwindelerregende Abwesenheit im Leben entdekken kann. Als Don Quijote wieder aus der Höhle des Montesinos heraufkommt, erzählt er von allen Wundern und Zaubereien, die er gesehen hat, doch als Sancho einwendet, dies seien seines Erachtens nichts als Hirngespinste, antwortet er: »Das könnte sein.«

Utopie und Entzauberung. Vieles bricht zusammen, wenn man reist: Gewissheiten, Werte, Gefühle, Erwartungen, die unterwegs verlorengehen – der Weg ist ein harter, doch guter Lehrmeister. Man findet anderes dafür, andere Werte und andere Gefühle, begegnet ihnen unterwegs und liest sie auf. Ebenso wie Reisen heißt auch Schreiben zerlegen, neu ordnen, neu zusammensetzen; man reist durch die Wirklichkeit wie durch ein Theater, man verschiebt die

Kulissen, erschließt neue Landschaften, verirrt sich in Sackgassen und gerät vor auf die Wand gemalten, blinden Türen ins Stocken.
Die oft undurchdringliche Realität gibt plötzlich nach und zerbröckelt; der Reisende, schreibt Cees Noteboom, spürt, »wie es durch die Ritzen des Kausalgebäudes zieht«. Die Wirklichkeit erweist sich als probabilistisch, indeterministisch und unverhofften Quantenkollapsen unterworfen, die einige ihrer Elemente verschwinden lassen, verschluckt und aufgesogen in den Strudeln der Raum-Zeit, in den Wirbeln der Sterblichkeit aller Dinge, doch auch des unvorhersehbaren Auftauchens von neuem Leben.
Reisen ist eine Musilsche Erfahrung, eher dem Bewusstsein für die Möglichkeiten überantwortet als dem Realitätsprinzip. Wie bei einer archäologischen Ausgrabung legt man neue Schichten der Wirklichkeit frei, konkrete Möglichkeiten, die nicht in die Tat umgesetzt wurden, die jedoch existierten und als im Lauf der Zeit vergessene Bruchstücke fortbestehen, als noch offene Wege, als noch unbeständige Zustände. Reisen heißt, die Rechnung mit der Realität zu machen, doch auch mit ihren Alternativen, ihren Lücken; mit der großen Geschichte und mit einer anderen Geschichte oder von ihr verhinderten und verdrängten, doch nicht ganz ausgelöschten anderen Geschichten.
Seit der *Odyssee* sind das Reisen und die Literatur eng miteinander verbunden; die Erforschung, die Dekonstruktion und die Sondierung der Welt und des Ichs ähneln sich. Das Schreiben setzt den Ortswechsel fort, packt ein und

packt aus, rückt zurecht, verschiebt jede Fülle und jede Leere, entdeckt – erfindet? findet? – Elemente, die der Bestandsaufnahme und sogar der Wahrnehmung der Wirklichkeit entgangen sind, ganz als legte es sie unter ein Vergrößerungsglas. Auch mein Donaureisender spricht von Rissen, die wie mit dem Degen in die Kulissen des Alltagstheaters geritzt sind und durch die, wie er hofft, wenigstens ein Windstoß, ein Luftzug des wirklichen Lebens dringt, das hinter dem Paravent der Realität verborgen ist. Die Transzendenz allen Reisens, die gleichwohl im Fleisch eingebettet ist, im Staub, in der Unmittelbarkeit des Augenblicks, der hereinbricht und die Erwartungen stets mehr oder weniger über den Haufen wirft. Man braucht nur über die Straße oder über einen Treppenabsatz zu gehen, um die stolze Gewissheit Lügen zu strafen, mit der der *Spiegel* vor einigen Jahren in seiner Bestsellerrubrik ankündigte, ausschließlich Erfolgstitel zu besprechen, die in aller Munde waren und von denen jeder erwartete, dass man über sie sprach: »Überraschungen ausgeschlossen«.

Leben, reisen, schreiben. Heute ist die wahrhaftigste Erzählkunst vielleicht die, die nicht durch reine Erfindung und Fiktion erzählt, sondern durch das direkte Aufgreifen von Tatsachen, von Vorfällen, von jenen verrückten und schwindelerregenden Wandlungen, die verhindern, um mit Kapuściński zu sprechen, dass die Welt in ihrer Gesamtheit erfasst und eine Synthese davon geliefert wird, und die, wie für einen Reporter im Chaos der Schlacht, nur das Erfassen von Bruchstücken ermöglichen. Übrigens verfasst Kapuściński selbst eine höchst lebendige Literatur, indem er sich in die Wirklichkeit stürzt, sie mit unerbittlicher Präzision darstellt, wie ein Jagdhund selbst ihre flüchtigsten verräterischen Details aufspürt und das Ganze zu einem originalgetreuen und zugleich neu erfundenen Bild zusammensetzt, zum Porträt der Welt und der Reise durch die Welt. Vielleicht ist die Reise der exemplarische Ausdruck für diese Literatur, für diese narrative »non fiction«, wie Truman Capote sie begründete.

6. Die Reise durch den Raum ist zugleich eine Reise durch die Zeit und gegen die Zeit. Manchmal tritt die aufgeschichtete und verdichtete Komplexität eines Ortes mit großer Wucht zutage, wie Samen, die ihre Hülle sprengen. Wir sind geronnene Zeit, schrieb Marisa Madieri einmal. Nicht nur Menschen, auch Orte sind geronnene Zeit, mehrfache Zeit. Ein Ort ist nicht nur seine Gegenwart, sondern auch jenes Zeitenlabyrinth aus verschiedenen Epochen, die sich zu einer Landschaft verflechten und sie formen, so wie Falten, Runzeln und Gesichtszüge, die von Glück oder Melancholie geprägt wurden und einem Gesicht nicht nur seine Form geben, sondern das Gesicht dieses Menschen *sind*, der nie nur das Alter und den Gemütszustand jenes einen Augenblicks besitzt, sondern die Gesamtheit aller Alter und Gemütszustände seines Lebens. Die Landschaft wie ein Gesicht, der Mensch in der Landschaft wie eine Welle im Meer; eine Landschaft ist, wie es in einem Gedicht von Andrea Zanzotto heißt, die Schichtung von Erde und von Geschichte. Sie besteht nicht nur aus Natur und Architektur, Buchten, Wäldern und Häu-

sern, Wegen aus Gras und Stein, sondern auch und vor allem aus Gesellschaft, Menschen, Gesten, Gewohnheiten, Vorurteilen, Leidenschaften, Nahrung, Fahnen, Gesinnungen. Der Wald des modernen Wanderers ist die Stadt mit ihren Wüsten und ihren Oasen, ihrer Gemeinschaft und ihrer Einsamkeit, ihren Wolkenkratzern und ihren Vorstadtkneipen, ihren schnurgeraden Straßen, die ins Unendliche fliehen. Der Passant mit offenen Augen und Sinnen ist vielleicht der authentischste Reisende; sein Blick durchdringt und zerlegt die Stadtlandschaft wie ein Aufstand, so wie es dem sakralen, verstörten Mailand in Luca Doninellis wirkungsvollem *Crollo delle aspettative* (Einsturz der Erwartungen) ergeht. *Paesaggio è passaggio* – Landschaft ist Durchreise; sie ist auch eine Gangart, so wie der Stil beim Schreiben. Jeder Mensch durchquert einen Ort in seinem persönlichen Tempo. Der eine flitzt, der andere bummelt. Durch eine Stadt – eine Buchseite – kann man auf tausend Arten wandern: aufmerksam, langsam, sprunghaft, eilig, zerstreut, kurz und knapp, analytisch, dispersiv.

Das Reisen-Schreiben ist Landschaftsarchäologie; der Reisende – der Schreibende – steigt wie ein Archäologe in die verschiedenen Schichten der Realität hinab, um auch alle die Zeichen zu sehen, die unter anderen Zeichen verborgen sind; um so viele Leben und Geschichten wie nur möglich zusammenzutragen und sie vor dem Fluss der Zeit zu retten, vor der auslöschenden Welle des Vergessens, als baute er aus Papier eine zerbrechliche Arche Noah, obgleich er ironischerweise doch um ihre Vorläufigkeit weiß. Die Land-

schaft ist auch ein Friedhof, ein Beinhaus, das zu Dünger und Nahrung des Lebens geworden ist, die Grabhügel bei Verdun, die wie natürliche Erhebungen wirken, doch durch Bomben und Tote entstanden sind.
Wenn der Reisende sich im Raum hin und her bewegt, ohne vorgeschriebenen Wegen zu folgen, und er auf die Abweichung mehr vertraut als auf die gerade Linie, bringt er für einige Augenblicke die Zeit zum Stillstand, er hält sie eine kleine Weile in Schach wie ein Jongleur, der kurz viele Bälle in die Luft wirft und sie dort hält, auch wenn er weiß, dass sie ihm früher oder später auf den Kopf fallen werden.

7. Reisen ist grausam, mahnt Canetti. Unmoralisch ist die Vergeblichkeit der Flucht, wie Horaz weiß, der davor warnt, Kummer und Schmerz entgehen zu wollen, indem man dem Pferd die Sporen gibt, weil nämlich, wie es in seinen Versen heißt, die schwarze Sorge hinter dem Reiter, der darauf hofft, seine Spuren zu verwischen, mit zu Pferde sitzt. Das starke Ich, das dem Wiener Philosophen zufolge früh von der Gemeinschaft mit dem Absoluten abgetrennt wurde, muss zu Hause bleiben, muss der Angst und der Verzweiflung ins Auge blicken, ohne davon abgelenkt oder betäubt werden zu wollen, und darf den Blick nicht von der Wirklichkeit und vom Kampf abwenden. Die Metaphysik ist sesshaft, sie sucht weder Ablenkungen noch Ferien. Vielleicht bleibt das Ich manchmal zu Hause, und an seiner Stelle reist ein Ersatz durch die Gegend, ein Trugbild wie das von Helena, das, wie einer der Mythen besagt, Paris

nach Troja folgte, während die echte Helena in all den langen Kriegsjahren anderswo war, in Ägypten.
Weininger bemängelte am Reisen die Verführung zur Unverantwortlichkeit. Wer reist, ist Zuschauer, er ist nicht ganz in die Realität involviert, die er durchquert. Er ist nicht schuld an den Scheußlichkeiten, Schändlichkeiten und Tragödien des Landes, das er bereist. Nicht er hat dessen ungerechte Gesetze gemacht, und er muss sich auch nicht vorwerfen, sie nicht bekämpft zu haben. Wenn sein für eine Nacht genutztes Dach einstürzt und er nicht gerade das Pech hat, unter den Trümmern zu liegen, braucht er nur seinen Koffer zu nehmen und ein Stückchen weiterzuziehen. Auf Reisen fühlt man sich wohl, weil einem, abgesehen von irgendeinem Unglück, einem Erdbeben oder einer Flugzeugkatastrophe, eigentlich nichts passieren kann. Man riskiert das eigene Leben nicht.
Die Reise ist auch eine nette Unannehmlichkeit, eine schützende Belanglosigkeit. Das gefährlichste, schwierigste und verlockendste Abenteuer findet zu Hause statt. Dort setzt man das Leben aufs Spiel, die Fähigkeit oder Unfähigkeit zu lieben, Glück aufzubauen, zu haben und zu geben, sowie mutig zu wachsen oder sich ängstlich zu verkrampfen; das ist der Ort, wo man etwas wagt. Das Zuhause ist kein Idyll. Es ist der Raum des konkreten Lebens und somit dem Konflikt, dem Missverständnis, dem Irrtum ausgesetzt, der Gewalttätigkeit und der Gefühlskälte, dem Schiffbruch. Darum ist es, mit seinem Guten und seinem Schlechten, der Mittelpunkt des Lebens, der Ort der heftigsten und manchmal verheerenden Leidenschaft – für die

Lebensgefährtin oder den Lebensgefährten, für die Kinder –, und Leidenschaft verstrickt uns schonungslos. In der Welt herumzureisen heißt auch, sich von der häuslichen Intensität auszuruhen, sich gemütlichen Pantoffelpausen hinzugeben und sich in passiver – oder mit Weiningers Worten: unmoralischer – Weise dem Lauf der Dinge zu überlassen.

Es gibt noch eine andere Unsittlichkeit des Reisens, das Sichverschließen vor der Mannigfaltigkeit der Welt. Der mitteleuropäische Reisende ist leicht ein Odysseus im Schlafrock, wie Giorgio Bergamini schrieb, einer, der am liebsten zwischen einem Sessel und einem Bücherschrank segelt, also eher auf dem Ozeanblau einer Landkarte als auf dem der Wellen; einer, für den die Unendlichkeit das mathematische Zeichen für die Unendlichkeit ist. Wer auf dem Papier reist, gewöhnt sich unmerklich das Leben ab und richtet seine Leidenschaften auf das Schriftbild des Lebens, auf die statistischen Kurven seiner Erscheinungen; er wird ein Mann ohne Eigenschaften, der, wie Musil schreibt, das Büchsengemüse für den Sinn des frischen Gemüses erklärt.

Auch wenn er durch die Welt zieht, bewahrt sich der Reisende die Neigung, seinen Mantel gut zuzuknöpfen und den Kragen hochzuschlagen, wie um zwischen sich und den Dingen einen Schutzwall zu errichten. Zum Glück lieben auch die Donaureisenden das Meer, und vielleicht ziehen sie wie die Reisenden meiner *Donau* vor allem deshalb unter schweren Himmeln durch die großen Ebenen Mitteleuropas, weil sie ans Meer gelangen wollen. An den Ufern des »unerklärlichen« Meeres, wie Camões es nannte, trifft man auf den weiten Atem des Lebens, der zu den großen Fragen des Schicksals und zum Sinn von Gut und Böse führt; das Meer konfrontiert mit der Zweideutigkeit, es lädt dazu ein, ihr zu trotzen – auf dem unsterblichen Meer, schreibt Conrad, erobern wir die Vergebung der eigenen sündhaften Seelen. Am Meer zieht man sich aus, man legt die beengenden Schutzhüllen ab und öffnet sich dem, was vor einem liegt. Auch das ist eine Rettung für den Reisenden, der noch auf dem Straßenpflaster der Städte oder in den Bergen das Gefühl hat, auf dem schwankenden, von Sturzwellen bestürmten Deck eines Schiffes zu stehen, auf einer vorläufigen oder einer rettenden Arche.

Von Canetti wird die Grausamkeit des Reisens bemängelt: Der Reisende betrachtet die Welt mit Neugier und ist in gewisser Weise geneigt, das, was er sieht, zu akzeptieren, auch das Schlechte und Ungerechte, es kennenzulernen und zu verstehen, anstatt es zu bekämpfen und zurückzuweisen. Die Reise in totalitäre Länder, zum Beispiel, ist immer auch mit Schuld behaftet, eine faktische Komplizenschaft oder zumindest Neutralität den Gewalttätigkeiten und den Schandtaten gegenüber, die hinter Potemkinschen Dörfern versteckt werden, durch die man kommt und in denen man gastliche Aufnahme findet. Trotzdem entdeckt der Reisende nach und nach, entdeckt er zwangsläufig die Brüderlichkeit und das gemeinsame Schicksal der Welt, spürt er zwangsläufig, dass die ganze Welt sein Zuhause ist und dass erst dieses Gefühl seine Liebe zu dem zurückgelassenen Haus in der Heimat wahrhaftig werden

lässt, welche sonst nur ein grässlicher, rückschrittlicher Fetischismus wäre.
Wie für Eichendorffs umherziehenden Taugenichts fallen Fernweh und die Liebe zum häuslichen Herd zusammen, denn mit dem häuslichen Herd liebt man auch die weite, unbekannte Welt, und mit dieser erfasst man, auch in den verschiedensten Formen, die Intimität des Herdes. Dante sagte, er habe gelernt, Florenz besonders zu lieben, als er das Wasser des Arno trank, dass aber die ganze Welt unsere Heimat sei, so wie das Meer dies für die Fische ist – jedes der beiden Gewässer für sich genommen sei unzureichend und verseucht. Reisen schult das Fremdsein, lehrt, sich im Leben stets fremd zu fühlen, selbst zu Hause. Doch fremd unter Fremden zu sein ist vielleicht der einzige Weg, um wirklich miteinander verbrüdert zu sein. Daher hat das Reisen die Menschen zum Ziel. Man fährt nicht nach Spanien oder Deutschland, sondern zu den Spaniern oder zu den Deutschen. »Lesen Sie Reiseliteratur«, empfahl Kant einem Theologen, der sich auch nicht aus Königsberg wegbewegen wollte.

8. Manchmal sprechen Orte, manchmal schweigen sie, sie haben ihre Offenbarungen und ihre Verschlossenheiten. Wie jede Begegnung ist auch die Begegnung mit Orten – und mit dem, der dort wohnt – abenteuerlich, reich an Verheißungen und an Gefahren. Manche Orte, Venedig oder Prag, sprechen schon allein durch die Deutlichkeit ihrer Erscheinung und des sich in ihnen abspielenden Lebens auch zu dem unaufmerksamsten und unwissendsten Rei-

senden. Andere verlassen sich auf eine indirekte Beredsamkeit, sie verführen nur den Passanten, der weiß, was sich zwischen jenen Bäumen oder auf jenen Straßen zugetragen hat. Kafkas Sterbezimmer in Kierling verrät vieles, doch nur dem, der weiß, dass Kafka zwischen diesen Wänden seine letzten Stunden verlebte, und der selbst die Risse in den Mauern noch in diesem Licht betrachtet. Wieder andere Orte hüllen sich in ein undurchsichtiges Geheimnis, und die Begegnung misslingt; wie jedes Abenteuer ist auch eine Reise nicht gegen Misserfolg und Unfruchtbarkeit gefeit. Etwa dann, wenn der Reisende – aus Unwissenheit, Überheblichkeit oder Trägheit – den Schlüssel zu jener Welt nicht findet, den Wortschatz und die Grammatik, um jene Sprache zu verstehen und jene Kultur zu dechiffrieren. Der *status viatoris*, den das religiöse Denken dem Menschen zuschreibt, schließt auch diese Hinfälligkeit mit ein, diesen Wechsel von Ruhm und Untergang, die Fähigkeit zur Erlösung, verbunden mit dem Ausgeliefertsein an Niederlage und Schuld.

Es gibt Orte, die faszinieren, weil sie von Grund auf anders zu sein scheinen, und andere, die bezaubern, weil sie auf Anhieb vertraut und fast wie der Heimatort wirken. Erkennen bedeutet, platonisch betrachtet, oftmals wiedererkennen, es ist das Auftauchen von etwas bis dahin womöglich Unbekanntem, das jedoch als etwas Eigenes angenommen wird. Um einen Ort sehen zu können, muss man ihn wiedersehen. Das fortwährend wiederentdeckte und bereicherte Bekannte und Vertraute ist die Voraussetzung für Begegnung, Verführung und Abenteuer; das zwanzigste oder das hundertste Mal, da man mit einem Freund spricht oder mit einem geliebten Menschen schläft, ist unendlich viel intensiver als das erste Mal. Das gilt auch für Orte. Die faszinierendste Reise ist eine Rückkehr, eine Odyssee, und die Orte des gewohnten Wegs, die seit vielen Jahren durchquerten alltäglichen Mikrokosmen sind eine odysseische Herausforderung. »Aber zum Teufel, warum sitzt Ihr denn dann im Sattel und reitet durch dieses giftige Land?« fragt in Rilkes berühmter Ballade der Junker den Marquis an seiner Seite. »Um wiederzukehren«, antwortet dieser.

9. Die Betrachtungen der vorangegangenen Passage sind ein magerer Trost. Ich verstehe zwar, warum manche Orte – durch meine Schuld, Verschlossenheit oder Teilnahmslosigkeit – für mich stumm geblieben sind und ich demzufolge natürlich nicht über sie geschrieben habe. Doch warum sind andere – die mich hingegen faszinierten und begeisterten, in denen ich mich wiedererkannte und an denen ich, wenn auch nur für kurze Zeit, wirklich lebte – nicht aufs Papier gelangt? Welches Hindernis in mir hat ihnen den Weg versperrt? Der algonkinische Wald in Kanada – mit seinen unglaublichen Farben, seinen roten Herbstblättern, die im Grau des Regens unvermittelt glauben ließen, die Sonne sei zurückgekehrt – war eine intensive Erfahrung in meinem Leben, wie auch die Umgebung von Vancouver, wo sich die Suche nach den Spuren von Pauline Johnson oder Tekahionwake, einer Mohawk-Prinzessin, die eine englischsprachige Schriftstellerin wurde,

um ihr Volk zu beschreiben, mit einem grundlegenden Wendepunkt in meinem Leben mischte, der ersten Reise mit J. und der Beginn meiner Reise durch die Dinge zusammen mit ihr. In Ushuaia in Feuerland hatte ich ein sehr starkes Gefühl für das Ende der Welt, doch ich beschrieb es erst beim Anblick der Mündung des Derwent in Hobart Town, Tasmanien, und ebenso hinterließ das unvergessliche Gefühl, das ich in Borges' Stadtviertel Palermo in Buenos Aires hatte, keinerlei Spuren, nicht anders als auch das Bewusstsein von meiner Banalität und Beschränktheit an einem Abend in derselben Stadt angesichts einer Offenbarung von Elend und Schmerz, auf die ich nicht reagieren konnte. Das Knirschen und die Risse im Moskau von 1988, die meine Söhne Francesco und Paolo wesentlich schneller erfassten als ich, und dies anhand von Details, die scheinbar unwichtig waren, die den unmittelbar bevorstehenden Zusammenbruch jedoch durchaus anzeigten, trafen mich unvorbereitet, so dass ich sie nicht entschlüsseln und einordnen konnte.

Beim Durchblättern der vorliegenden Seiten erstaunt mich vor allem das Fehlen der Vereinigten Staaten, die ich aufgrund von sich vertiefenden freundschaftlichen Beziehungen, beruflichen Kontakten, Lehrveranstaltungen und literarischen Begegnungen in den letzten Jahren häufig besucht habe und zunehmend oft besuche. In erster Linie New York, doch auch San Francisco, Chicago, Princeton, Bloomington, das Bard College und viele andere Orte, die sich – die einen mehr, die anderen weniger – im Zentrum der Welt befinden. In diesem Fall war es wohl ein übertriebenes Verantwortungsgefühl, das meinen Stift hemmte, ein unbewältigter Zwiespalt in bezug auf das Land, von dem im guten wie im schlechten die Geschicke der Welt abhängen, und somit das Gefühl, nicht darüber sprechen zu können. Wie dem auch sei, dieser Unterschied zwischen Leben und Schreiben ist stets etwas traurig, auch für den, der ihn als die eigene Poetik begreift, ein weiteres Beispiel dafür, wie das Reisen zu selbstironischer Bescheidenheit erziehen kann.

10. Diese Reisebeschreibungen gehören wahrscheinlich eher zum Tagschreiben als zum Nachtschreiben, um hier die Unterscheidung des großen Ernesto Sábato zu gebrauchen. Beim Tagschreiben drückt der Autor auch mit der Schilderung einer ihm fremden Realität oder mit einer phantastischen Erfindung in gewisser Weise ein Gefühl für die Welt aus, das er persönlich teilt. Er formuliert seine Empfindungen und seine Werte. Er kämpft seinen »guten Kampf«, wie der heilige Paulus es nannte, für das, woran er glaubt, und gegen das, was er für falsch hält. Das Tagschreiben versucht, die Welt zu verstehen, sich ihre Erscheinungen zu erklären und – auch schmerzhafte – Einzelschicksale vor dem Hintergrund der Totalität der Realität und ihrer Bedeutung zu sehen. Dieses Schreiben will den Dingen einen Sinn geben, will jede – auch schmerzhafte – Einzelerfahrung in eine Gesamtheit stellen, die es miteinschließt und die es nur deswegen, weil sie es mit einschließt, in einen größeren Zusammenhang einordnen kann.

Das andere, das Nachtschreiben, nimmt es mit den erschütterndsten Wahrheiten auf, die man nicht offen zu gestehen wagt, deren man sich vielleicht nicht einmal bewusst ist und die der Autor sogar – wie Sábato sagt – ablehnt und für »unwürdig und abscheulich« hält. Dieses Schreiben erstaunt selbst den Autor oft, weil es ihm etwas enthüllen kann, von dem er nicht immer weiß, dass er es ist und fühlt: Empfindungen oder Offenbarungen, die der Kontrolle durch das Bewusstsein entwischen und die manchmal über das hinausgehen, was das Bewusstsein zulassen möchte; sie widersprechen den Absichten und den ureigenen Prinzipien des Autors, tauchen in eine dunkle Welt ein, eine Welt, die sich grundlegend von der, die der Autor liebt und in der er sich bewegen und leben möchte, unterscheidet, in die er jedoch von Zeit zu Zeit hinabsteigen muss, so dass er auf die Medusa mit dem Schlangenhaupt trifft, die man dann nicht einfach zum Friseur schicken kann, damit sie vorzeigbar wird. Diese Form des Schreibens sieht sich, auch ohne es geplant zu haben, dem schrecklichen Gesicht des Lebens gegenüber, das in seiner Wildheit nichts von moralischen Werten, von Gut und Böse, von Gerechtigkeit und von Mitleid weiß. Dieses Schreiben ist manchmal die entfremdende und kreative Begegnung mit einem Doppelgänger oder zumindest mit einem dem Autor unbekannten Teil seiner selbst, der mit einer anderen Stimme spricht und den man auch dann reden lassen muss, wenn man sich wünschte, er sagte etwas anderes, und auch dann, wenn man sich durch das, was er sagt, in den eigenen moralischen Überzeugungen, Sábato zufolge, »verraten« fühlt.

In dem vorliegenden Buch wird das *dépaysement*, das in anderen meiner Bücher den Ton angibt, von einer dem Tagschreiben gemäßen und vielleicht defensiven Einstellung zurückgedrängt, eingeschränkt oder umgangen. Doch die Reise an sich schon mischt dem Schreiben stets eine nächtliche Komponente bei, Momentaufnahmen des Unverhofften und zuweilen des Unheimlichen, Gesichter der Realität, die die moralischen Hierarchien des Reisenden durcheinanderbringen, Offenbarungen des Negativen. Es ist eine – besiegte oder unbesiegte – Versuchung, sich gehenzulassen …

11. Die in diesem Buch versammelten Reisen wurden zwischen 1981 und 2004 unternommen, erlebt und aufgeschrieben. Viele dieser Seiten sind also schon etliche Jahre alt und verhehlen dies mit gutem Recht nicht; übrigens sollte auch ein Gesicht sein Alter nicht verhehlen, zu dem man nach Möglichkeit ehrlich stehen sollte und das man mit einigen verzeihlichen Ausbesserungen abmildern kann, jedoch nicht verfälschen sollte. Einen gezogenen Zahn zu ersetzen ist das eine, ein Lifting mit Dorian-Gray-Ambitionen dagegen peinlich. Der Sinn unseres Lebens ist sein Geschehen in der Zeit, in der Geschichte, ist das Aufblühen, doch ebenso das Reifen und das Vergehen dessen, was die Bibel »Fleisch« nennt.
Auch eine Buchseite hat ihr Alter, und auch dadurch erhält sie ihre Bedeutung. Vor dem Zweiten Weltkrieg zu schreiben oder danach ist nicht dasselbe. Sogar die Seiten der großen Literatur, die ihr Alter Jahrhunderte und

Jahrtausende überdauern, löschen dieses nicht aus – sie offenbaren ihr Entstehungsdatum, auch wenn sie es dank ihrer Bedeutsamkeit für immer und ewig offenbaren werden.

Reisebeschreibungen sind schon an und für sich von dieser Zeitlichkeit besonders durchtränkt; sie sind von Vergänglichkeit durchzogen, denn sie sind die Schilderung und das Abbild eines bestimmten Augenblicks und einer sogleich wieder verflogenen Wirklichkeit. Im Gegensatz zu anderen Büchern, wie etwa *Die Welt en gros und en détail* oder *Donau*, in denen ich Reiseerlebnisse verarbeitet habe, indem ich sie umformte, besteht das vorliegende Buch aus Ausführungen, die zu dem Zeitpunkt verfasst wurden, als die Reise stattfand; als ich eine Grenze überschritt oder einen Staat durchquerte, die womöglich gar nicht mehr existieren; als mir eine Geste oder ein Gesichtsausdruck auffiel; als ich einen Schrei hörte. In *Donau* oder in *Die Welt en gros und en détail* werden die Reise, die beobachteten Menschen und Dinge und die auf der Straße aufgelesenen Geschichten neu erfunden und wiedergegeben. Sie werden zur Geschichte einer überwiegend fiktiven Figur. Sie gehören nicht länger zu jener Reise, haben eine andere Dimension, eine andere, gemischte und neu zusammengesetzte Zeit, die Zeit der Literatur, die nicht mit der der Grammatik und schon gar nicht mit der der großen Geschichte übereinstimmt.

Die Zeit der hier folgenden Buchseiten ist dagegen die eindeutige Zeit des Augenblicks, in dem sie erlebt und geschrieben wurden. Der Lauf der inzwischen eingetretenen

Ereignisse hat die darin enthaltenen Impressionen, Hoffnungen, Urteile und Prophezeiungen teils bestätigt und teils widerlegt. Von einem Kapitel zum nächsten haben sich radikale, epochale und persönliche Veränderungen vollzogen. Da sind Reisen, die vor und nach dem Zusammenbruch des Kommunismus unternommen wurden. Da sind Reisen durch eine Welt, die für mich auch und vor allem mit Marisas Augen gesehen wurde, und Reisen durch eine Welt, die sich nach ihrem Tod – für mich – tiefgreifend verändert hat und schwerer zu fassen ist. Da sind Reisen, die ich mit Freunden wie Alberto Cavallari, Stefano Jacomuzzi und Paolo Bozzi unternahm, welche mich lehrten, die Wege und die Dinge zu sehen, und Reisen nach ihrem Tod, der mich um vieles einsamer auf den Wegen der Welt zurückgelassen hat, und Reisen mit J., mit der zusammen ich mich wieder auf diese Wege gewagt habe. Wenn dieses Buch einige Bilder von der Welt einfangen konnte, so verdanke ich das geliebten Menschen, allen voran meinen beiden Söhnen, die mit mir durch diese Welt gegangen sind, die mich gelehrt haben, sie zu sehen, und dies noch immer tun.

Wie die Reise selbst so verändert sich mit der Zeit auch ihr Tagebuch. Manche Texte bleiben mit Dingen im ungewissen, die inzwischen eine Lösung gefunden haben, so die Aufzeichnungen über die Atmosphäre in Prag zu der Zeit, als man sich über den künftigen Namen des Staates Gedanken machte – tschechoslowakische, tschechisch-slowakische oder tschechische und slowakische Republik – und dieser Staat das Problem wenig später löste, da er aufhörte zu existieren oder sich, besser gesagt, in zwei Staaten spaltete.

Ich glaube, gerade das ist der Beitrag, den Reisebeschreibungen zur Erkenntnis der Geschichte oder auch unseres individuellen und kollektiven Lebens leisten können. Geschichte besteht nicht nur aus dem, was geschehen ist, und gewiss noch weniger aus trügerischen und abwegigen Alternativen, sondern auch aus Möglichkeiten, um mit Musil zu sprechen, aus den in einer bestimmten Situation konkret schlummernden Potenzen, aus dem, was in einem gegebenen Moment möglich war oder ist. Die Hoffnungen einer Generation in einem konkreten historischen Zeitabschnitt sind Teil der Geschichte dieses Zeitabschnitts, und folglich haben auch sie mit dazu beigetragen, das aus uns zu machen, was wir sind, selbst wenn sie unbeachtet blieben oder vom Lauf der Ereignisse widerlegt wurden. Der Bindestrich, der Tschechen und Slowaken hätte trennend vereinen oder vereinend trennen können oder sollen (oder anderen Stimmen zufolge nicht hätte sollen), existiert nicht mehr – jedenfalls derzeit nicht –, doch jener Augenblick, in dem er ein mögliches Ziel symbolisierte, ist ein realer Augenblick in der europäischen Geschichte.

So werden die Kapitel, die kurz vor, während oder kurz nach dem Zerfall der kommunistischen Welt entstanden, nicht so sehr die Meinungen und Hoffnungen des Reisenden aufzeigen, die auch kaum von Belang sind, als vielmehr die Komplexität der in jenen Augenblicken erlebten Realität, die ganze Bandbreite aller damals wirkenden Kräfte, und zwar auch derjenigen, die sich wenig später als – zumindest vorläufig – unterlegen erwiesen. Das zu spüren und mit der Hand zu berühren, was man in einer bestimmten Situation für möglich hielt oder sich wünschte – eine von den Ereignissen abweichende Entwicklung –, trägt zu einem breiteren Verständnis dessen bei, was geschehen ist und was nur dann verstanden werden kann, wenn man nicht davon ausgeht, dass es von Anfang an zwangsläufig die einzige Lösung war. Einige Kapitel beschäftigen sich, zum Beispiel, mit den unseligen nationalistischen und mikronationalistischen Erscheinungsformen, die in den Jahren aufflammten, als sie noch in einem undeutlichen Gärungsprozess waren und es noch nicht unvermeidlich war, dass sie in diesen unheilvollen Dimensionen ausbrechen würden. Das Leben und die Geschichte sind nach diesen Aufzeichnungen weitergegangen, im guten wie im schlechten. So erlitt etwa Karlo Stajner, von dessen Gefangenschaft im Stalinschen Gulag, von dessen unbeugsamer Treue zu seinen Idealen und von dessen unglaublicher Menschlichkeit hier berichtet wird, als alter Mann nach unserer Begegnung auch noch die Quälereien des Tudjman-Regimes und bis ans späte Ende seiner Tage noch weitere Formen der Schwierigkeit zu leben.

Der Reisende dieses Buches bleibt auch bei den versäumten und verpassten Gelegenheiten der Wahrheit verpflichtet; er korrigiert weder die Vergangenheit noch sich selbst mit dem Wissen des Nachhineins, sondern versucht, soviel wie möglich – Wahrnehmungen, Tatsachen, Vermutungen, Pläne – in die Zukunft zu transportieren, die ebenso wie jene Vergangenheit vorläufig ist und dazu verurteilt, bald überholt zu werden. Das Reisen ist eine Realität im Indikativ, doch auch im Konjunktiv. Natürlich hat jede Reise ihr eigenes Tempo, ihren eigenen Rhythmus, ihren eigenen Schritt und ihren eigenen Atem. Manche langsameren und ausführlicheren Streifzüge öffnen sich einer vielfachen epischen Zeit, die auch die Vergangenheit mit einschließt, und kommen damit der Partitur von *Die Welt en gros und en détail* recht nahe, wie zum Beispiel die Kapitel über die Bewohner der Bisiacaria und der Ciceria oder auch das Anfangskapitel über Don Quijote. Andere wiederum stürzen sich kopfüber in die Kurzatmigkeit des Augenblicks, ins Blitzlicht einer sofort abgeschlossenen oder entschwindenden Erfahrung. Manchmal sind diese Buchseiten auch eine Fundgrube an Stoffen, Erlebnissen und Epiphanien, die später in erzählenden Texten verarbeitet und umgewandelt wurden. Einige Motive, Episoden und Personen, manchmal sogar die erste Eingebung oder die zentrale und zündende Idee für ein Buch – für *Donau*, *Ein anderes Meer*, *Die Welt en gros und en détail* und *Conde* – entstanden aus einer ersten Anregung, die hier auf diesen Seiten festgehalten ist, aus einer plötzlichen Erkenntnis, aus einer Schicksalsfügung, die beinahe zufällig aufblitzten und im Reisetagebuch notiert sind.

Literatur ist, wie schon erwähnt, auch ein Ortswechsel. Die Orte in diesem Buch sind kurioserweise, wenigstens zum Teil, andere als die Landschaften, die in meinen anderen, nicht aus Reisenotizen bestehenden Büchern dominieren. Manchmal scheint der Reisende hier aus dem schwarzen Loch der eigenen Persönlichkeit aufzutauchen und geradezu erstaunt über die Richtung zu sein, in die ihn seine Schritte tragen, wobei sie ihm vertraute Heimatorte offenbaren, die ihm vorher unbekannt waren. *Le voyage*, hat einmal ein verrückter Pariser gesagt, *pour connaître ma géographie*.

30. Juni 2005

Auf den Spuren Don Quijotes

1. Tielmes liegt fast vor den Toren von Madrid, doch noch nicht in La Mancha und gehört genaugenommen nicht zur »Ruta de Don Quijote«, der Reiseroute des Ritters von der traurigen Gestalt. Unsere Reise auf seinen Spuren, unternommen von faulenzenden Freunden, beginnt auch deshalb in dieser kleinen Stadt, weil hier einer der größten und gelehrtesten Kenner des scharfsinnigen Edlen und seiner Fahrten wohnt – Manuel Fernández Nieto. Seine Bibliothek ist ein Cervantessches Universum, doch sein Weinkeller aus dem 17. Jahrhundert mit seinen riesigen Terrakottaamphoren und seinem angenehm feuchten Schimmelgeruch ist auch nicht zu verachten. Vor vielen Jahren fand man in diesem Souterrain einmal einen mumifizierten Hund. Ein Keller, ein nicht weniger königliches Grab als eine Pyramide, wie er zum *Don Quijote* passt, einem Buch, in dem das Erhabene und das Schlichte, das Heilige und das Unzüchtige, das Vertrauen in den Menschen und seine Verspottung, der Glauben und das Chaos zusammengehören wie die beiden Seiten einer Medaille. Nicht zuletzt deshalb war Dostojewski der Meinung, dass dieses Buch allein schon genüge, um in Gottes Augen die Irrfahrt des Menschen zu rechtfertigen. Er hatte recht, ähnelt doch der übelriechende Rahmkäse, der über das Gesicht des heldenhaften, lächerlichen und verhöhnten Don Quijote läuft, dem blutigen Schweiß von Jesus Christus.

Tielmes ist lebhaft, es weist die für Spanien, dieses Land, das sich in den letzten Jahren mit unglaublicher Kreativität wohl mehr als jedes andere erneuert und verändert hat, typische Vitalität auf. Von dieser geballten Energie sticht kontrastreich eine heruntergekommene, geschlossene Bar ab, die wie eine Allegorie in einem barocken Theater den Schriftzug »Bar Moderno« trägt. Heutzutage wirkt die Moderne mit ihrem Glauben an den Fortschritt und an die Möglichkeit, den Lauf der Geschichte lenken zu können, wie verstaubtes Gerümpel. Man lebt und bewegt sich in einem postmodernen, globalen, raffinierten Mittelalter, das die Welt technisch in einem schwindelerregenden Tempo verändert, doch nicht daran glaubt, ihr einen Sinn geben zu können. Don Quijote, der fahrende Ritter, der sich für altmodisch hält, ist der Held der Moderne par excellence. Sein Auszug ist die Eroberung der Welt, doch vor allem die Überprüfung ihres Sinns, die Suche nach einem starken Wert, der über sie hinausgeht. Heute wirkt diese Moderne so verrostet wie seine Waffen und wie der Rolladen jener Bar, doch der Rost blitzt bisweilen wie ein Zauberschwert auf, lässt die Reflexe von Eldorados aufscheinen und auch einen Schimmer von Poesie und Bedeutung.

2. Es ist keineswegs sicher, dass der nicht näher bestimmte Ort in der Mancha, von dem aus Don Quijote aufbrach, Argamasilla de Alba ist, wie es die Überlieferung gemeinhin will. Vielleicht muss der Ausgangspunkt ungewiss bleiben, wie auch die Richtung, die der Hidalgo einschlägt, indem er sich eben nicht für einen Weg entscheidet, son-

dern seinen edlen Klepper Rosinante auf gut Glück loslaufen lässt. Die Ebene von La Mancha – flach, fast immer eintönig unter dem blassen Himmel, mit dem Horizont als einziger wahrer Grenze – ist die angemessene Landschaft für dieses Sich-durchs-Leben-treiben-Lassen, denn sie scheint, wie die Wüste, unendlich viele Wege zu haben.

Auch ein Spaziergang entgeht der genauen Kontrolle eines Plans und eines Willens, denn man kann nicht wissen, ob und wodurch es an der ersten Kreuzung zu einer Abweichung vom vorgesehenen Weg kommt. Alle grundlegenden Dinge – Liebe, Glück, Leid – geschehen durch Zufall oder Gnade, wenn man die Zügel locker lässt und sich vom Leben tragen lässt wie ein Stab in den Händen eines Wanderers. Geht man dem, was unvermutet passiert, auf diese Art entgegen, erhält man unverhoffte Geschenke, überlässt sich froh dem Leben, hat Vertrauen in dessen Großzügigkeit und glaubt bereitwillig, dass es besser als wir für das sorgt, was wir wirklich brauchen. Doch manchem schenkt das Leben wirklich gar nichts oder nur die Ungehörigkeit des Unglücks, dem man, wie es in einer großartigen Passage von Antonio Muñoz Molinas Roman *Beatus Ille* heißt, lediglich traurige Ironie entgegensetzen kann. Also fürchtet man sich vor der dummen Unberechenbarkeit des Lebens. Der Schrecken und die Erschütterung, die einem das Herz zusammenschnüren, verleiten dazu, Rosinantes Zügel fest anzuziehen, mit manischer Präzision den Weg zu bestimmen, das Leben derart krampfhaft in der Hand zu halten, dass man es zermalmt, wenn es sich schlecht benimmt, und keinen Schritt zu tun, ohne nicht peinlich genaue Karten zu konsultieren, die als Schutz vor der so angsteinflößenden Unordnung der Dinge gezeichnet wurden. So zieht man durch die Flure Kafkas statt über die Ebenen von Cervantes.

Don Quijote hat keine Angst. Er stellt sich der Ungewissheit des Lebens, die ihm Katastrophen, Prügel, Gemeinheiten und Demütigungen einbringt. Doch er vertraut nicht auf das Leben, das nicht weiß, was es tut; er vertraut auf die Bücher, die freilich nicht vom Leben erzählen, sondern von dem, was ihm einen Sinn gibt, von seinen Insignien. Für diese Insignien zieht er in den Kampf und wird auf lächerliche Weise fast immer geschlagen, weil fast immer das Gute verliert und das Böse gewinnt. Doch selbst wenn er aus dem Sattel geworfen wird, zweifelt er diese Insignien nicht an. Argamasilla ist die Heimat des Baccalaureus Simson Carrasco, der ihn niederschlägt, doch der geschlagene Don Quijote erklärt, dass die eigene Schwäche nicht die Wahrheit dessen in Frage stellt, woran er glaubt.

3. Die Ebene La Mancha, ein offenes Feld, eine gute Äußerlichkeit der Welt. Die Wahrheit wohnt nicht *in interiore homine*, in der leblosen Selbstgenügsamkeit der Innerlichkeit, sondern in deren Konfrontation mit den anderen, mit den Dingen, Farben, Gerüchen, Tatsachen, Nahrungen, Körperfunktionen, dem Schweiß und den Schwielen der Hände. Don Quijote wäre ohne den – noch größeren – Sancho Pansa nur eine Gliederpuppe, und seine Ritterbücher wären es, wenn sie sich nicht mit jenen Käsen, je-

nen Würsten und jenem Mist vermischt hätten, bestenfalls wert gewesen, weggeworfen zu werden. Was nur innerlich bleibt, versauert leicht, trübt sich und verdirbt, wird Laster oder Wahn. Auch die Leidenschaft bleibt im Schlamm des Herzens stecken oder entartet zu steriler Phantasterei, wenn sie nicht an der Welt teilhat und Abenteuer zwischen den Dingen ist. Die einsame Innerlichkeit verliert rasch das Gefühl für Gut und Böse, wie im Traum, wo man alles mögliche tun kann, ohne sich schuldig zu fühlen. Die Innerlichkeit muss umgestülpt werden wie ein Handschuh und in die Welt geschüttet werden, so wie sich Don Quijotes Ritterideale mit der Promiskuität der Wirklichkeit vermischen und dadurch noch höher werden. Nur dadurch, dass Don Quijote glaubt, in einer prosaischen Barbierschüssel den sagenhaften Helm des Mambrin zu erkennen, erhält dieser seine zauberhafte Poesie.

4. El Toboso ist vor allem eine Skala absoluter Farben: das gleißende Weiß der Häuser, das intensive Indigoblau des Himmels und der bemalten Mauerränder. Selbst der Wind scheint die Klarheit einer leuchtenden Farbe zu haben. Im Dorf gibt es ein Cervantes-Zentrum, an das unter anderem Staats- und Regierungschefs aus der ganzen Welt mit einer Widmung versehene wertvolle Übersetzungen des *Don Quijote* in ihren Landessprachen schicken. In Schaukästen ausgestellt, zeigen erlesene Ausgaben und Versionen von allen Kontinenten auf ihren Titelseiten berühmte Unterschriften. Darunter ist auch eine italienische Ausgabe mit der Unterschrift Mussolinis vom 31. Juli 1930: ein großes,

energisches Autogramm, vielleicht etwas größenwahnsinnig, doch mit einem generösen Zug. Alle haben sie Exemplare des *Don Quijote* geschickt, außer zweien. Hitler sandte eine bleischwere Ausgabe der *Nibelungen* mit seinem winzigen, kaum sichtbaren Namenszug, einem verkrümmten Gekritzel, Buchstaben in Embryonalstellung. Er wurde an Geschmacklosigkeit jedoch von Ghaddafi übertrumpft, der sein *Grünes Buch* schickte. Beide offenbarten die bornierte Unsicherheit des Chefs, der droht: »Sie wissen nicht, wer ich bin«, während Don Quijotes ganze Größe, wie Unamuno schreibt, in der bescheidenen Festigkeit liegt, mit der er erklärt: »Ich weiß, wer ich bin.«

5. Campo de Criptana. Dichter sind immer konkret, selbst in den zügellosesten Phantasien. Die vier großen Windmühlen, die man aus der Ferne auf einem Hügel erkennt, sehen tatsächlich wie Riesen aus. Don Quijotes Verrücktheit ist in gewisser Weise stets realistisch und prophetisch – und zweifellos viel stärker als die Kurzsichtigkeit dessen, der nur die Fassade der Dinge sieht und sie mit der einzigen und unwandelbaren Realität verwechselt. Es sind die Don Quijotes, die erkennen, dass die Realität zerbrökkelt und sich ändern kann; die angeblich praktischen Menschen, die stolz darauf sind, gegen Träume immun zu sein, glauben immer, bis zum Tag vor ihrem Fall, dass die Berliner Mauer dazu bestimmt sei, stehenzubleiben. In Campo de Criptana gab es vierzig Windmühlen, jetzt sind es noch etwa zehn, zwischen dem Weiß des Dorfes, dem Blau des Himmels, dem Braun der Erde. Ein klarer, kalter

Himmel, kontinentaler Winter; doch in der Luft die Freiheit und die Trockenheit des Südens, die Nietzsche so verzaubert haben.

6. Die Höhle des Montesinos, die tiefe Grotte, in die Don Quijote sich zwischen Raben und Krähen hinunterlässt, die nicht weniger unheimlich sind als die Ungeheuer der Unterwelt, und wo er, ebenso wie Sancho Pansa, denkt, dass die Wunderdinge und Zaubereien – die er doch gesehen hat – nur Märchen sein können, wie ganz allgemein jedes unverständliche, dunkle Geheimnis ein Märchen ist. Das wahre Geheimnis liegt in den Dingen, in der welligen, leicht hügeligen Landschaft, in den Schluchten, die 1905 schon Azorín während seiner Reise auf den Spuren Don Quijotes faszinierten, in den Gewässern der nahe gelegenen Lagunen der Ruidera, im Streiflicht des Sonnenuntergangs, der den Stämmen der Eichen und der Pinien eine verzehrende Zartheit verleiht. Der Boden ist rot wie der in Istrien. Mercedes Monmany, der wir gescheite Literaturkritiken und geniale essayistische Streifzüge durch die verschiedensten Literaturen verdanken, schlägt vor, ein neues Lehrfach zu erfinden – vergleichende Landschaftskunde.

7. In Villanueva de los Infantes mit seiner prächtigen klassizistischen Plaza Mayor steht das Haus des Ritters vom grünen Mantel, mit dem Don Quijote nach seinem Abenteuer mit dem Löwen, der ihm, anstatt ihn anzufallen, sein Hinterteil zeigte, kluge Gespräche über Poesie und über die

eigene Weisheit und Narrheit führt. Im Dominikanerkonvent befindet sich der Raum, in dem am 8. September 1645 Quevedo starb; an der Wand hängt das Sonett, das er zwei Monate zuvor über den Tod geschrieben hatte, über die letzte Stunde »negra y fria«. Die große spanische Dichtkunst des 17. Jahrhunderts ist, wie der Barock allgemein, besessen vom Tod, von dem Moment, in dem »du selbst dich mit dem Hochmut dieses Lichts verkehrst in Erde, Staub, Schatten, gar in nichts«, wie es in einem Sonett von Góngora heißt. Doch nicht einmal der Tod löscht die Leidenschaft aus: Seele und Körper und Knochen werden Staub sein, schreibt Quevedo, doch verliebter Staub, und der große Lope de Vega, der Priester mit dem stürmischen Gefühlsleben, der selbstverständlich im Theatermuseum des nahe gelegenen, prächtigen Almagro präsent ist, sagt über die tote, zwar zu Staub zerfallene, doch immer noch schöne Geliebte, sie lebe unbeschwert, ohne ihn leben zu lassen, und führe weiter Krieg mit ihm, während sie in Frieden ruhe.

Ein großer Teil des Lebens spielt sich in der Rolle ab, die der Tod in diesem Leben hat, je nachdem, ob er verdrängt, gefürchtet, hofiert, ins Leben einbezogen wird. Als Don Quijote stirbt, ist Sancho traurig, doch alles geht ruhig weiter, die Nichte isst, die Haushälterin trinkt; am Ende ist sogar Sancho munter, so wie es sich für den treuen Knappen eines Ritters ohne Furcht gehört. Doch das Sterben kann trübsinnigere Formen annehmen als der endgültige Schlag. Maria José zitiert beim Anblick der Felder die *aterradora* – die *schreckliche* – Strophe eines Flamencos: »Ich

weiß nicht, Mutter, was geschah / mit dem guten Gras / das grün war und gleichwohl verdorrte …«
Auch das Haus der Inquisition in Villanueva beschwört, wenn auch auf andere Weise, den Tod herauf. An dem alten Portal, über dem ein Säulenbalken mit dem Wappen ragt, bestehend aus Kreuz, Totenschädel und zwei Schienbeinknochen, verkündet ein Schild, dass das Haus zum Verkauf steht.

8. In Almagro verehrt man die Madonna als Maria im Schnee. Man frönt auch dem Stierkampf, und die Plaza de Toros grenzt an die Wallfahrtskirche, von der man direkt auf die Arena blickt. Wenn der Ritus des Stierabschlachtens zelebriert wird, öffnet man ein Fenster der Kirche und dreht die Madonnenfigur so, dass sie sehen kann, was geschieht, und bei der Veranstaltung sozusagen den Vorsitz führt.

9. Almagro, Chinchón, Tembleque, Ocaña und viele andere zauberhafte Städte scharen sich jeweils um einen wundervollen zentralen Platz. Säulen, Bögen, Galerien; Schönheit und Geselligkeit, der Sinn für eine Gemeinschaft, für ein Land. Der Platz ist es, der eine Stadt ausmacht, egal, ob groß oder klein; das äußere Bild zählt mehr als die Museen, selbst wenn sie voller Meisterwerke sind. In der Nähe von Ocaña liegt die zwischen 1574 und 1578 erbaute Fuente Grande, eine grandiose, prächtige Brunnenanlage. Eine Art Renaissancetempel zu Ehren des Wassers; Säulengänge, Brücken, Pilaster, Kanäle, aber vor allem eine

Herrlichkeit, die nicht für Feste oder Naumachien gebaut wurde, für diese nachgestellten Schlachten, die Abwechslung in die höfischen Spiele brachten, sondern um Pferde zu waschen und zu tränken.

Wir kehren zurück. Der Abend ist kalt und windig. Die große oder kleine Kälte, die man spürt, wenn sich am Ende einer langen oder kurzen Reise die Einmütigkeit auflöst, die mehrere Menschen brüderlich verbunden hat; die Freundschaft bleibt, doch diese Konstellation und ihre Atmosphäre werden sich nicht wiederholen. Die Auflösung eines Augenblicks, einer auf jeden Fall einmaligen Zusammensetzung – wie die Form der Wolken, sagt J., deren lachende Augen die Angst ignorieren, doch die Melancholie kennen. »Wie viele Landschaften entfernen sich von dir, mit deinem Schmerz«, heißt es in einem Gedicht von César Antonio Molina, dem scharfsinnigen, omnivoren Essayisten und eindringlichen Poeten, der uns nun nach Madrid zurückbringt, »oh, wenn sie wüssten, dass es dich gibt, dass du sie liebst …«

4. März 2001

Der Bücherwurm

Ich bin in der Madrider Nationalbibliothek, mit ihren reichhaltigen Sammlungen, ihren Werkstätten, in denen mit hochmodernen Techniken und altertümlicher Geduld Bücher und Handschriften gepflegt und restauriert werden, und in ihrem telematischen Museum des Buches, das das Publikum seiner Literaturveranstaltungen in die Werkstatt von Schrift und Druck einführt, ein Publikum, das – wie generell in Spanien – zu den lebhaftesten und anregendsten der Welt gehört, also zu den für einen Schriftsteller befriedigendsten.

Man erzählt mir, dass die Bibliothek im spanischen Bürgerkrieg beschädigt worden war und ein Mann – ich weiß nicht, ob allgemein auf der Flucht vor der Gewalt des Krieges oder konkret vor jemandem, der ihn töten wollte – sich zwischen den in den einsturzgefährdeten Sälen zurückgelassenen Büchern versteckt hatte und über Monate dort blieb. Man kann ihn sich vorstellen, wie er, einem Raubtier gleich, das seine Höhle zwischen Inkunabeln und Schaukästen hat, abends herauskam, um sich Nahrung zu verschaffen, und zurückkehrte, um sie inmitten der Bücher zu kochen und zu verzehren. Es ist schwer zu sagen, ob er diese Bände gelesen hat, ob ihn das Leben mit ihnen unter diesen Umständen veranlasst hat, die Literatur zu lieben oder ihr gleichgültig gegenüberzustehen. Vielleicht sah er in den illustren Schriften nur praktische Objekte, Wände, die ihn

verbargen und vor Unbilden schützten, oder potentielle und beruhigende Brennstoffe, für den Fall, dass sich eine entsprechende Notwendigkeit ergab.
Die Geschichte dieses Mannes erinnert mich an das, was mir in den Bibliothekswerkstätten ein freundlicher Restaurator, der die Radierungen von Goyas Zyklus *Tauromaquia* in eine wässrige Lösung tauchte, über bestimmte Insekten erzählt hat, die Bücher verschlingen und daher »Bücherwürmer« genannt werden.

19. März 1996

Ein Vater, ein Sohn

In den Räumen des Klosters Santa Maria de Pedralbes in Barcelona – einem großartigen Bauwerk der katalanischen Gotik –, in denen sich eine Dependance der Sammlung Thyssen-Bornemisza befindet, fällt unter den wenigen Besuchern ein Paar auf, Vater und Sohn. Der Ältere ist ein adretter kleiner Herr von etwa fünfundsiebzig Jahren, der gelassen wirkt. Er hält den Jüngeren an der Hand, der offenbar am Down-Syndrom leidet oder, wie man oft fälschlicherweise sagt, mongoloid ist.

Die beiden vor mir bleiben vor jedem Gemälde stehen, und der Vater erläutert dem Sohn, den er fortwährend an der Hand hält, die *Vergine dell'umiltà* des Beato Angelico, ein Lieblingsmotiv der Bettelorden, dann den Schatten, aus dem Tizians *Porträt des Antonio Anselmi* tritt, und den Kanarienvogel, der auf dem *Porträt einer Dame* von Pietro Longhi aus seinem Käfig flieht. Der Sohn hört zu, nickt, murmelt hin und wieder etwas. Er mag vierzig oder fünfzig Jahre alt sein, hat jedoch vor allem das undefinierbare Alter eines welken Kindes. Der Vater sagt etwas zu ihm, hört ihm zu, antwortet ihm. Wahrscheinlich tut er das schon ein Leben lang, und er wirkt weder müde noch besorgt dabei, sondern froh darüber, seinem Sohn die großen Meister nahebringen zu können.

Als er vor dem *Porträt der Maria Anna von Österreich, Königin von Spanien* angekommen ist, beugt er sich vor, um den

Namen des Künstlers zu lesen, richtet sich ruckartig wieder auf und sagt etwas zu laut zu seinem Sohn: »Velázquez!« Dann zieht er den Hut, so hoch wie irgend möglich. Das Kreuz, das ihm mit der Behinderung seines Sohnes durch eine unverzeihliche Ungerechtigkeit auferlegt wurde, hat seinen Rücken nicht gekrümmt, hat ihn nicht niedergebeugt und ihn auch nicht verbittern lassen, hat ihm nicht die Freude genommen, Größe anzuerkennen, ihr Ehre zu erweisen und einen Menschen daran teilhaben zu lassen, für den er allem Anschein nach lebt: seinen Sohn. Oftmals ist der Schmerz vernichtend, macht bitter und treibt verständlicherweise dazu, Werke in Abrede zu stellen, mit denen andere, vom Schicksal reichbeschenkte Menschen in der Welt zu Ruhm gelangen konnten. Besonders eine Bürde, die in den Schatten zwingt, so wie diese Behinderung, macht es schwer, sich am Glanz eines anderen zu erfreuen und ihn zu genießen. Die respektvolle, feierliche Anwandlung, den Hut zu ziehen, ist eine königliche Geste, und das offensichtliche Vergnügen, mit dem der alte Mann seine Begeisterung an den Sohn weitergegeben hat, ist dies noch viel mehr. Diese Liebe zwischen Vater und Sohn bewirkt, dass die beiden Menschen sich genügen, wie sich die Liebe genügt. Es ist dieser Mann – der, ohne es zu wissen, ein kleiner Meister für mich geworden ist –, vor dem man den Hut ziehen muss.

19. März 1996

Die Inseln der Seligen

Das Boot, das auf Tresco anlegt, fährt nur eine kurze Strecke übers Meer, doch der Passagier, der seinen Fuß auf die Insel setzt, hat das Gefühl, eine viel längere Reise zurückgelegt zu haben, von einer Halbkugel zur anderen, von Nordeuropa in die Südsee; er hat ein paar Stunden zuvor – oder zwanzig Minuten, wenn er den Hubschrauber nimmt – in Cornwall die Westspitze von Großbritannien hinter sich gelassen und befindet sich nun in einer tropischen Vegetation, zwischen Agaven und Palmen, australischem Eukalyptus, Iris und blauvioletten Lilien aus Südafrika, Orchideen, Büschen von purpurroten Mittagsblumen und scharlachfarbenem Natternkopf, der sich erhebt wie ein keckes erotisches Zeichen.

Tresco ist eine von den über dreihundert Inseln, die im Atlantischen Ozean den Archipel der Scilly-Inseln bilden, sechsundzwanzig Meilen westlich von Land's End, wo Cornwall endet. Es gehört zu den sechs bewohnten Inseln, mit der Hauptinsel St. Mary's, wo die Fähren und Schiffe aus Großbritannien anlegen. Auf der Seite, die dem offenen Meer zugewandt ist, seinen Sturzwellen und seinen Stürmen, sind die Scilly-Inseln rauh und kahl, so auch Tresco, doch auf der Innenseite, die zu St. Mary's zeigt, dieser gleichfalls milden und blühenden Insel, haben der Golfstrom sowie der geniale Augustus Smith und sein Neffe und Nachfolger Thomas Algernon Smith-Dorrien, die der

Insel und der Blumenzucht im vergangenen Jahrhundert zu einem unglaublichen Aufschwung verhalfen, ein Paradies geschaffen, eine Insel der Alcina, einen Garten der Armida.
Augustus Smith wurde 1834 »Lord Proprietor« der Scilly-Inseln und ließ Schulen und Leuchttürme bauen und auch Abbey Garden, die Abtei von Tresco mit ihren Gärten, die Algernon Smith-Dorrien vervollkommnete, indem er Blumen und Pflanzen aus aller Herren Länder anpflanzte und so regelrecht eine blühende Industrie schuf, doch der Ursprung dieses Gartens Eden der Scilly-Inseln, die doch jahrhundertelang bettelarm gewesen waren, liegt viel weiter zurück.
Die ersten kostbaren Zwiebeln exotischer Blumen wurden im 12. Jahrhundert von den Benediktinern eingeführt, diesen Christen, die wie Odysseus reisten, die sich unerschrokken in die weite Welt aufmachten und sich in fremden Ländern ansiedelten, um die Liebe zur Wahrheit und zum Wissen zu lehren und auch die *stabilitas loci*, die intensive, stille Liebe zur Heimat, durch die man sein ganzes Leben an einem abgelegenen Fleckchen verbringen und sich in der Welt zu Hause fühlen kann, ohne den Drang zu haben, fortzugehen und zu fliehen. In Tresco ist der Ort der alten Klosterkirche noch zu besichtigen.
Doch so, wie die Suche nach jedem Paradies stets weiter und weiter in die Vergangenheit führt, bis sie sich in einer fernliegenden Nichtzeit verliert, geht auch das Paradies der Scilly-Inseln auf noch viel ältere Ursprünge zurück. Sie waren die Kassiteriden der Phönizier, reich an Zinn und

sorgsam vor anderen vorbeikreuzenden Seefahrern verborgen. Der Legende nach waren sie vor allem die Inseln der Seligen, einer der möglichen Orte der elysischen Gefilde, der Hesperiden, jener Inseln der Glückseligkeit, die reich an Blumen und Korn waren, wo ein ewiger Sommer herrschte und wo die Helden, nachdem sie übers Wasser gekommen waren, das Land der ewigen Jugend und der Unsterblichkeit fanden.

Die Scilly-Inseln und besonders Tresco verdienen es durchaus, mit den Inseln der Seligen gleichgesetzt zu werden, mit den Hesperiden und mit dem Paradies, das Stevenson und Gauguin in der Südsee suchten; ein Leben ohne Zeit, Ewigkeit des Meeres, Glückseligkeit ohne Erbsünde und ohne Geschichte. Der Zauber ist vollkommen, steht still; trokkene, klare Helligkeit, Triumph der Lebenskraft in all ihren Formen und Farben, Vielfalt der Pflanzen und Vögel; Möwen und Reiher, Kormorane und Sturmvögel, Stockenten und Strandläufer, Brachvögel und Stare. Als wir an einem Tisch unter den Bäumen essen, kommen viele dieser Vögel, um uns aus der Hand oder vom Teller zu fressen wie im Märchen. Die Spatzen, die zutraulichsten und gierigsten von allen, reißen den anderen die Bissen aus dem Schnabel und uns die Bissen aus der Hand.

Doch jedes Eden, Land der Unsterblichkeit, ist auch ein Land des Todes, der Ort jenseits des Wassers, wo die anstrengende und vertraute Bedeutungslosigkeit des Lebens zum Stillstand kommt. Die Inseln der Seligen sind auch das Land der Toten, einer Sonne, die niemals untergeht, die jedoch auf ein anderes Leben scheint, auf ein vollkommenes Leben und daher eines, das dem der Menschen fremd ist. Die Scilly-Inseln sind wie Cornwall mit der keltischen Sage von Lyonesse verbunden – alias Lethowsow, wie es auf *cornish*, dem Dialekt oder der Sprache Cornwalls, heißt –, dem vom Meer verschlungenen und von der Erde verschwundenen Land, und auch mit der Sage von Artus, dem verschollenen König, dessen Grabstätte viele Orte für sich beanspruchen, obgleich es heißt, er sei nie gestorben; die magische Welt um Artus ist ein melancholischer Wasserzauber, dämmerig und lunar, Leben, das sich in die Unwirklichkeit des Märchens und des Todes zurückzieht.

Das unerklärliche Meer hat zwei Gesichter. Am Strand, angesichts der offenen Weite, doch auch zwischen den Klippen und den kleinen Inseln ist es das Meer der Unwetter und der Orkane, der mehr als dreihundert Schiffbrüche, die sich seit dem 17. Jahrhundert bis heute vor den Scilly-Inseln ereignet und viele Menschenleben gekostet haben: Es ist der Ort des Abenteuers und der Herausforderung, der Prüfung, des Kampfes. Andererseits ist es der Ort der Glückseligkeit, der Ort der großen Überzeugung und der großen Hingabe, des unbedingten Ja, das man zum Leben sagt, während man sich in jener Harmonie mit dem reinen, absoluten Sein, die die vielleicht freieste, intensivste und seligste Wahrnehmung der Welt ist, ohne irgendeine Aktivität oder irgendeine Bestimmung und im langsamen, leeren Kreisen der Stunden in den Wellen treiben lässt oder am Strand liegt. Vielleicht ist es auch die Erinnerung an das Fruchtwasser, an das Urmeer, aus dem unsere Spezies

stammt, und an das, was wir am Anfang unserer individuellen Existenz erfahren haben.
Zumindest jetzt, in diesen Tagen, widersprechen die Scilly-Inseln – und auch viele Buchten von Cornwall, Sennen Cove, Botallack, Carbis Bay – einer Meeresbeschreibung von La Capria, die ich sehr liebe, einer Stelle aus der *Armonia perduta,* in der er das eintönige metallische Grau des Ozeans dem durchscheinenden, lichtvollen Blau des Mittelmeers gegenüberstellt, dem Meer der Götter und der Formen und nicht des konturlosen Leviathans. Heute ist der Ozean rings um die Scilly-Inseln klar und transparent, mit türkisfarbenem Grund und kobaltblauen Flecken, mit der Leichtigkeit des himmelblauen Saums und dessen schneeweißem Schaum und mit der unsagbaren Tiefe des Indigos. Doch auch dieser Zauber hat zwei Seiten, ist doppeldeutig; er besitzt die Unerschöpflichkeit des Lebens und den Reiz des Todes. Im übrigen hat auch das blaue und violette Meer der Kalypso in der *Odyssee* einen tödlichen Zauber, wie der Gesang der Sirenen. In jeder Glückseligkeit des Meeres steckt auch Melancholie, steckt das träge Vergessen der Lotophagen, das Tennyson, der von diesen Inseln faszinierte Dichter des Todes von König Artus, im Meer erblickte und das einem Versinken im Wasser, einem Versinken in den Schlaf gleicht.
Das Meer ist absolut, so intensiv, dass es manchmal schmerzhaft wird. In diesen Farben des Wassers und des körnigen Sandes, der es in einem hellweißen Leuchten erstrahlen lässt, entledigt man sich all dessen, was banal, unwesentlich, relativ ist: Man möchte dem Leben auf den

Grund kommen, sich von allen Räderwerken der Existenz befreien, die uns am Leben hindern, die Mechanismen der Rhetorik ablegen, wie man seine Kleider ablegt. Man entfernt eine Schale des falschen Lebens nach der anderen, um das wahre Leben, das Glück, zu packen, und man hat das Gefühl, sich einem Kern zu nähern, der so wesentlich ist, so rein, dass er dem Nichts gleicht. »Denn Liebe zum Meer«, sagte Thomas Mann, »ist nichts anderes als Liebe zum Tode«, und die Abschiedsworte von Shakespeares Prospero kamen ihm in den Sinn: »and my ending is dispair«. Dieses Gefühl entsteht, weil uns das Meer für einige Augenblicke die Überzeugung erkennen – und auch genießen, berühren, besitzen – lässt, jene Befriedigung, jene Fülle, die wir gern immerfort hätten.

Die Bewohner der Scilly-Inseln hatten über die Jahrhunderte wenig Zeit für solche Meeresmetaphysik. Der Ozean war für sie der Fischfang, anstrengend und nützlich. Er war der Krieg, der feindliche Schiffe brachte, spanische oder holländische. Vor allem aber bedeutete er Gefahr, Unwetter und Stürme, in epischen und nüchternen Berichten beschriebene Orkane, zahllose Schiffbrüche. Letztere wurden von den Inselbewohnern allerdings gar nicht ungern gesehen. Es heißt, sie hätten zwar nicht direkt darum gebetet, dass Gott die Schiffe untergehen ließ, wohl aber darum, dass, wenn es denn der göttliche Wille war, dass ein Schiff versank, es dies doch wenigstens vor den Scilly-Inseln tat, damit sie die Ladung an sich bringen konnten.

Reiseführer und Geschichten über die Inseln bestreiten kategorisch, dass die Bewohner nachts am Ufer eine Lampe an den Schwanz eines Esels oder einer Kuh gebunden hätten, um die Schiffe in die Irre zu führen und sie auf die Klippen zu locken, doch man erzählt sich von einem Reverend, der einmal seine Predigt auf der Kanzel unterbrach, um die ihm in diesem Augenblick überbrachte Nachricht zu verkünden, dass ein Schiff an den Felsen zerschellt sei. Nach einer Weile, als er seine Predigt beendet hatte, stieg er von der Kanzel und sagte, als er an der Kirchentür angelangt war, es sei noch ein weiteres Schiff gestrandet, doch er verrate das erst jetzt, weil es nur recht und billig sei, wenn alle gleichzeitig losliefen, um die Sachen an sich zu raffen.

Neben den Schiffbrüchen ist auch der Schmuggel eine unerschöpfliche Quelle vieler Geschichten, Überlieferungen und Anekdoten; da gibt es eine ganze Reihe vitaler, bizarrer Gestalten, angefangen bei Reverend John Troutbeck, dem Verfasser einer gelehrten Schrift aus dem Jahr 1794 über die Scilly-Inseln, der jedoch ein ebenso eifriger Schmuggler war, so dass er die Insel schließlich verlassen musste, bis hin zu dem berühmten John Carter, der in Cornwall agierte, »der König von Preußen« genannt wurde und auch einer Bucht seinen Namen gab.

Eine liebenswerte Unbefangenheit herrscht auch bei den Heiligen, wie etwa der irischen Saint Warna, die auch *Santa Juana* sein könnte, ein spanisches Schiff, das an den Klippen zerschellte und von den Inselbewohnern daher doppelt gepriesen wurde. Das keltische Christentum spielt eine große Rolle in der Geschichte und vermischt sich besonders in Cornwall und auf den Scilly-Inseln mit Mythen und Märchen; Heilige und Riesen, die sich gegenseitig ärgern, doch auch miteinander flirten, Heilige, die Brunnen und vor allem auch wundertätige Fische lieben, unternehmungslustige Heilige wie Saint Brychan, der mit drei Ehefrauen, diversen Konkubinen, vierundzwanzig Söhnen und fünfundzwanzig Töchtern übers Wasser gekommen war, die am Ende alle heiliggesprochen wurden.

Die Scilly-Inseln hatten und haben eine eigene Literatur, auf die sie stolz sind; kleine Buchläden und Kioske legen Romane mit Titeln wie *Hell Bay* von Sam Lleweillyn aus oder *Die Sturminseln* von Ann Quinton, und viele Lieder besingen Wellen und Muscheln. Eine robustere Dichtkunst beseelt dagegen die lebensprallen, ironischen Grabinschriften für die Ertrunkenen und die alten phantastischen Geschichten von Magie und Hellseherei, von spukenden Seeleuten, von Hexen und von Sirenen, wie etwa der, deren Bild in der Kirche von Zennor in Cornwall aufbewahrt wird und die den frommen, psalmensingenden Priester in die Fluten lockte.

Der Dichter der Scilly-Inseln ist Robert Maybee, der von 1810 bis 1891 lebte, Analphabet und mündlicher Erzähler von uralten Bräuchen, Kriegen und Unwettern, ein Sänger von Balladen, die von einer epischen Vertrautheit mit dem Meer, mit dem Tod, mit Gottvater durchdrungen sind. Die bekannteste Dichterstimme heute ist die auf den Scilly-Inseln lebende Mary Wilson, die Frau von Harold Wilson, dem früheren Premierminister und Labourmitglied. Ihre Gedichte besingen das Blau und das Violett des Meeres, die Kirchen im Gold der Narzissen, das Tosen der Brandung und machen aus ihr die Idealgestalt eines offiziellen Heimatdichters mit dem beinahe schon amtlichen Posten jenes »Poeten der Stadt«, um den Thomas Mann voller Ironie und Nostalgie den alten, geschliffenen Emanuel Geibel beneidete, dessen Denkmal einen kleinen Park in Lübeck schmückt. All diese Literatur ist natürlich auf englisch. Trotz einiger linguistischer und literarischer Versuche in jüngster Zeit, das Kornische wiederzubeleben, ist es im Unterschied zu den anderen keltischen Sprachen fast völlig verschwunden. Darüber kann man sich mit den Fragmenten geistlicher Aufführungen aus dem Mittelalter hinwegtrösten, in denen Gott kornisch spricht und der Teufel englisch.

Auf den Scilly-Inseln gibt es, wie in ganz Cornwall, archaische Spuren aus der Zeit der Druiden, große Felsblöcke, die Gräber und Grabkammern markieren, geheimnisvolle Megalithe, rätselhafte Symbole aus Urzeiten. Die *Merry Maids* in der Nähe von Penzance in Cornwall bilden einen Kreis aus neunzehn wuchtigen Steinen, vielleicht eine antike Opferstätte oder wer weiß, was sonst, wo alljährlich der *Gorsedd* stattfindet, die Zusammenkunft der Barden, die die Erinnerung an das keltische Erbe wiederbeleben wollen. Natürlich spürt man zwischen diesen Steinen die Ehrfurcht vor der dunklen, entschwundenen Vergangenheit, für die Ahnen der Menschheit und der Zivilisation, die immer gemeinsame Ahnen sind. Doch dieser Respekt, dieser Sinn für das Geheimnisvolle bezieht sich auf die Schlichtheit des Lebens, das verstreicht und verschwindet, auf die Steine und auch auf die Kühe, die mit dem Geheimnis ihres Tierlebens friedlich zwischen ihnen grasen.

Wir können und müssen für die Druiden *pietas* empfinden und natürlich mehr noch für die Opfer ihrer Rituale, denn sie waren arme Teufel wie wir und hatten es gewiss schlechter als wir. Doch die keltische Tradition verkommt bisweilen zur Mode einer Esoterik für Eingeweihte, zu einem künstlichen Neuheidentum, zu einem gefälligen Aberglauben. Dieser Kult des Geheimnisvollen, der Magie und der Uranfänge ist wie jede irrationale Koketterie stets eine kitschige Geschmacklosigkeit. Um wie vieles tiefer als jedes sibyllinische Ritual ist da das alte kornische Sprichwort über die drei schönsten Dinge der Welt: »Eine Frau mit einem Kind, ein Boot mit gesetzten Segeln und ein im Wind wogendes Weizenfeld.«

9. Juli 1989

An Lottes Grab

Auf der Rückreise von Berlin nach Italien mache ich in Hannover Station. Auf dem Gartenfriedhof in der Marienstraße ist Lotte begraben – Goethes Lotte, aus dem *Werther*, einem der schönsten Liebesromane aller Zeiten, dem zweiten Bestseller – nach *Robinson Crusoe* – der Weltliteratur. Wie der Name schon sagt, ist der Friedhof ein kleiner Stadtpark. Kinder tollen zwischen den Gräbern unter Kastanien und Eichen herum, Familienmütter halten ein Schwätzchen, und jemand sonnt sich mit nacktem Oberkörper lang ausgestreckt im Gras. Diese Vertrautheit verleugnet den Tod nicht, sie rückt die Verstorbenen in eine familiäre Nähe.

Lottes Grabmal sieht aus wie ein gedrungener Wachturm mit geschwungenen Ornamenten, die an Pflanzen und Muscheln erinnern. Die Inschrift lautet: »Hier ruht Charlotte Sophie Henriette Kestner, geborene Buff«, es folgen die Daten von Geburt und Tod, und auf der Rückseite steht: »Witwe des Hofrats Johann Christian Kestner«. Der Tod ignoriert die Leidenschaften, die Unregelmäßigkeiten, die Unruhen des Herzens und gibt jeden Menschen der objektiven Ordnung zurück, zu der er gehört, der Ehe, der Kaste. Doch Lotte – die echte Lotte, die hier ruht – war wirklich die Frau des Hofrats, die Mutter seiner Kinder, und teilte ihr Leben mit ihm. Angesichts all dessen, würde ein Buddenbrook sagen, ist der Umstand, dass sie womöglich in gewisser Weise das Vorbild für eine Gestalt in einem unsterblichen Roman war, kaum von Belang, kaum mehr als eine Kuriosität oder eine Klatschgeschichte.

11. Juni 1989

Der sterbende Wald

Im zweiten Teil von Goethes *Faust* scheint der Sänger der immerwährenden Schöpferkraft der Natur den ironischen und schmerzlichen Verdacht zu äußern, die moderne Gesellschaft habe die Natur verdrängt oder sei dabei, sie zu verdrängen. In einer spöttischen, grotesken Maskerade führt er den Triumph des Künstlichen über das Echte vor, der Mode über die Jahreszeiten, der Fälschung über das Natürliche; die Blumen blühen nicht länger nach den Regeln des alten Gesetzes ihres Aufblühens und Verwelkens, sondern nach den Erfordernissen und Konventionen des Marktes, der sich anmaßend in den Zyklus der Natur einmischt und ihn nach Belieben verändert. Doppeldeutig und rätselhaft wie immer, lässt Goethe nicht klar erkennen, ob dies eine wirkliche und endgültige Niederlage von Mutter Natur ist oder aber ein dämonischer Schwindel von ihr; ob der Mensch tatsächlich aus ihrer Spur heraustritt und sie über den Haufen wirft, oder ob er, auch mit dieser Schändung, unbewusst ihrem Spiel, ihrer Inszenierung gehorcht. Die Natur – die sowohl die Blumen entstehen lässt als auch den Sturm, der diese zerstört – kann sogar künstliche Blumen erschaffen, und sie kann die menschliche Intelligenz, die den Pflug erfindet und Trauben presst, um sie in Wein zu verwandeln, dazu bringen, unter Einsatz von Substanzen, die die Natur hervorbrachte, synthetische Stoffe herzustellen.

Es lässt sich schwer oder gar nicht sagen, ob ein abnormer, übertriebener Aufschwung der Technik die Natur zerstören kann oder ob auch er, so wie das Erdbeben und die ägyptischen Plagen, eine Manifestation der Natur selbst und ihrer Lebenskraft ist. Am Aussterben der Dinosaurier nehmen wir keinerlei Anstoß, es scheint uns sogar im Einklang mit irgendwelchen mysteriösen Naturgesetzen zu stehen, die die Geburt und den Tod der Arten regeln; für die Dinosaurier war das natürlich ein Unglück, und die Alarmrufe wegen der Wunden, die die Entwicklung von Industrie und Technik unserem ökologischen Gleichgewicht zugefügt hat und weiterhin zufügt, sind zwar lächerlich, wenn sie befürchten, dass die chemische Industrie den großen Pan töten könnte, doch sie sind vielleicht nicht so lächerlich, wenn sie ganz einfach um unser Überleben und unser Wohlergehen fürchten.

Auch das Sterben des Schwarzwalds und vieler anderer Wälder wird also vielleicht nicht Brahma, den Gott Spinozas oder das Große Ganze erschüttern, doch es wird, wenn es sich im gegenwärtigen Tempo fortsetzt, gewiss verheerende Folgen für viele Menschen haben, für ihre Existenz, ihre Geschichte, ihre Zuneigungen, ihre Trugbilder, ihr tägliches Leben. Der Wald stirbt, und sein Ende, besonders das des Schwarzwalds, ist von einem tragischen, heldischen Nimbus umgeben, wie das Ende eines Königs in einem Epos.

In Deutschland gibt es eine ganze Literatur über dieses Waldsterben, namentlich über das des Schwarzwalds, fast wie ein Zyklus von Liedern und Sagen über den Untergang eines Helden: *So stirbt der Wald*, *Unser Wald darf nicht sterben*, *Der Stress des Waldes*, *Stirbt der Wald?*, *Das Waldsterben*; die Aufzählung von besorgten, protestierenden und erschreckten Büchern, die fortwährend erscheinen, vor allem in Baden-Württemberg und in Freiburg, der ehemaligen Hauptstadt Badens, ließe sich beliebig fortsetzen. Wenn sich im *Rolandslied* der verwundete Held noch an eine Pinie lehnt und seinen letzten Blick zum süßen Frankenreich, der fernen Heimat, wendet, ist der tödlich getroffene Held des Epos heute der Baum, der seinen breiten Schatten wohl nur noch für kurze Zeit spendet und seine Wurzeln vielleicht zum letztenmal in den heimatlichen Boden gräbt.

Der Schwarzwald, dieser wunderbare deutsche Wald an der Grenze zu Frankreich und zur Schweiz, ist ein Herzstück des alten Deutschlands, seiner versunkenen konzentrischen, romantischen Intimität, jenes verträumten und verzehrenden Idylls deutscher Innerlichkeit, das, zurückhaltend und traurig, der Sehnsucht des Kunstlieds innewohnt. Der Schwarzwald ist das Land von Dichtern und Philosophen, von nachdenklicher Sammlung und Wanderliedern, einer Spiritualität, die mit den Jahreszeiten harmoniert und stolz ist auf die eigene Unabhängigkeit. In diesen dunklen Wäldern gedieh in den vergangenen Jahrhunderten die stille protestantische Gläubigkeit, aus der die höchste deutsche Philosophie und Poesie hervorging.

Im Schwarzwald lebten die Autoren der »Kalendergeschichten«, wie etwa der große Johann Peter Hebel, der mit der Wesentlichkeit der Klassiker in seine lakonischen, fulminanten Erzählungen epische Weisheit und politische

Klugheit einfließen ließ, das Leben des einzelnen eingebettet in die Geschichte der Menschheit und in die noch größere Geschichte der Natur. Mark Twain, der durch diese Wälder wanderte, sah in den Bäuerinnen, denen er begegnete, die Heldinnen der *Schwarzwälder Dorfgeschichten* von Berthold Auerbach; Natur und Kunst, der Geruch nach Holz und der nach dem Papier, das von dessen Poesie erzählte, waren eins, in einer unauflöslichen Harmonie. Dieses Idyll wusste sich, wenn nötig, durchaus zu verteidigen. Der Schwarzwald ist ein Ort der sorgsam gehüteten Traditionen von Freiheit und Fortschritt und, wie etwa 1848/49, auch des geradlinigen Mutes bei deren Verteidigung gegen Tyrannei und Reaktion selbst mit Waffengewalt.

Der kranke, sterbende Wald ist das Symbol für ein Übel, das auch die Ökologie des Denkens und des Herzens zerstört, denn es greift eine Wiege der deutschen Kultur an. Die dem Schwarzwald gewidmeten Hefte der Zeitschrift *Merian* preisen seelenruhig den urwüchsigen Wald, die Sagen von den Nymphen des Mummelsees, den zauberhaften See und den unberührten Reiz des Belchen, dieses blendendweißen Berges, doch im selben Schaufenster des Buchladens zeigen andere Bücher die schrecklichen Photos von nadellosen, zerstörten Tannen, von kümmerlichen, schiefen Wäldern am Ufer dieses Sees und auf den Hängen dieses Berges. Die Werbeplakate für Urlaubsorte setzen nach wie vor auf Ruhe und Gesundheit, doch seit einiger Zeit preisen sie nicht mehr den »Ozonreichtum der Waldluft«. In einer Dokumentation des deutschen *Bundes für Umwelt und Naturschutz* steht der Schwarzwald ganz oben auf der Liste der Umweltzerstörungen, die übrigens mit einem ernsthaft geschädigten Bestand in ganz Deutschland ein gutes Drittel des Waldes betreffen. Die Königin des Schwarzwalds, die Weißtanne, von der Turgenjew so fasziniert war, ist, hier wie anderswo, die Hauptleidtragende, ebenso wie die Kiefer, die ebenfalls vielerorts ihre Nadeln verliert. Setzt sich der gegenwärtige Prozess mit der gleichen Geschwindigkeit fort, werden den Statistiken zufolge bis 1990 sämtliche Tannen und bis 1992 sämtliche Kiefern abgestorben sein.

Das Sterben der Tannen und Kiefern – doch auch der Birken und Eichen – wird mal sehr wirkungsvoll herausgestellt und mal verschleiert, genauso wie das Sterben des Menschen, das unsere ängstlich auf die Verdrängung des Todes bedachte Kultur nach allen Regeln des menschlichen Respekts und des guten Tons verbirgt. Das Leben, selbst noch das kümmerliche, verführt; Ausflügler und Touristen nehmen die Gangrän der Bäume nicht wahr. Am Triberger Wasserfall antworten bei einer Umfrage siebzehn Prozent der Befragten, dass sie Umweltschäden bemerkt hätten, am Mummelsee sind es vierunddreißig Prozent. Viel öfter als Männer bestreiten Frauen, die laut Weininger immer die glücklicheren sind, dass der Wald stirbt oder sterben könnte (siebenunddreißig Prozent, gegenüber den zweiundfünfzig Prozent des starken und pessimistischen Geschlechts).

Die Medien, die immer wieder auf die ökologische Katastrophe eingehen, begnügen sich letztlich damit, die Menschen an diesen Tod zu gewöhnen. Vor lauter Plakaten,

Büchern und Photographien zum Waldsterben sieht man die sterbenden Bäume nicht mehr. Doch es gibt diesen Tod, und sogar jemand, der sich für gewöhnlich mehr auf Bücher als auf Pflanzen konzentriert, bemerkt ihn, trotz des Schnees, wenn er am Titisee, auf den Hängen des Belchen, auf der sogenannten Schwarzwaldhochstraße spazierengeht. Die Kronen sind kahl, die Äste der Nadelbäume tragen keine Nadeln, die vom sauren Regen oder Schnee angegriffenen Bäume sehen aus wie die Skelette bombardierter Häuser.

Nicht zufällig unterstützte die Universität Freiburg, die 1968 ruhig geblieben war, den Protest der Umweltschützer jedoch kämpferisch. Bis vor drei Jahren, so erzählt mir Professor von Ditfurth, der in der Umwelt- und Friedensbewegung engagierte Autor äußerst erfolgreicher Bücher zu diesem Thema, wurden die Grünen bezichtigt, Agenten von Moskau zu sein, wurden von den Christdemokraten und, wenn auch ein bisschen weniger, von den Sozialisten beschimpft und von den Gewerkschaften behindert, die befürchteten, die industriefeindlichen Proteste könnten Arbeitsplätze vernichten. Heute sieht das anders aus, die Schäden sind so offensichtlich, dass die Behörden die Augen nicht mehr davor verschließen können, wenngleich sie abwechselnd engagierte Erklärungen und abwiegelnde Berichte veröffentlichen. Auch die Grünen haben sich verändert. Sie haben rhetorische und unreife Verhaltensweisen abgelegt und forschen ernsthaft und ohne eine pauschale, kindische Ablehnung der Industriegesellschaft nach möglichen Rettungsmaßnahmen.

Das Waldsterben hat nicht erst heute begonnen, und die kämpferischen Bücher, die es thematisieren, enthalten auch Zeugnisse aus vergangenen Jahrhunderten, die nahezu vergleichbare Umweltkatastrophen belegen, auch wenn diese begrenztere Ausmaße hatten. Die Technik, das Künstliche, sind keine teuflische Erfindung der heutigen Zeit, wie die Rhetoriker der Apokalypse wettern, die im übrigen schnell dabei sind, das Auto zu benutzen, wenn sie es brauchen. Schon der 1826 verstorbene Hebel evoziert in einem seiner Gedichte den Tod des Belchen und der Landschaft seiner Heimat.

Beeindruckend an der gegenwärtigen Diskussion sind die Ernsthaftigkeit und die Gelassenheit, mit denen sie geführt wird, weit entfernt von dem Bedürfnis, mit dem Finger auf bequeme Sündenböcke zu zeigen, und sehr behutsam bei der Definition der Ursachen. Vor wenigen Tagen wurde auf einer Expertentagung in Karlsruhe mitgeteilt, dass es neben den offensichtlichen Faktoren der durch Industrieabfälle bedingten Umweltverschmutzung (allen voran das Dioxin) noch viele andere zu ermitteln gebe und dass einige davon auch auf »natürliche« Ursachen zurückzuführen seien (Insekten, Temperaturschwankungen und so fort). Die Grünen setzen sich nicht nur mit der kapitalistischen Profitorientiertheit auseinander, sondern prangern auch die ebenso schwerwiegenden Umweltzerstörungen in den Ländern des Ostens (DDR, Tschechoslowakei) an.

Kein ökologisches Problem kann nur auf nationaler Ebene gelöst werden, besonders nicht im Schwarzwald, der an zwei weitere Staaten grenzt und die Folgen dessen erleidet, was hinter den Grenzen geschieht, beispielsweise in den Chemieanlagen von Chalampé im Elsass. Die *Badische Zeitung* aus Freiburg veröffentlichte 1983 die widersprüchlichen und unfreiwillig komischen Erklärungen französischer Behörden, die sich innerhalb weniger Tage fieberhaft selbst widerlegten, indem sie Gutachten sowohl zur stabilen Gesundheit als auch zum Absterben ihrer Wälder präsentierten.

Stirbt der Wald? Eine Antwort darauf fällt schwer, da sich die Ursachen und Wirkungen, die Schäden und Schutzmechanismen erst aus dem Abstand vieler Jahre messen lassen. Gewiss, wer seinen Blick auf die Ewigkeit richtet, wird antworten, dass es auch die Erde eines Tages nicht mehr geben wird und auch unsere Galaxie und unser provisorisches Universum nicht. In diesen Wäldern fand Heidegger die Lichtungen, die ihm wie das Gesicht des Seins erschienen, das alles mit seinem Sichöffnen umfängt; er wechselte ein paar lakonische Bemerkungen mit den Bauern und bat sie in der Frage um Rat, ob er dem Ruf anderer Universitäten folgen sollte oder nicht. Sein Sohn, Oberst Hermann Heidegger, empfängt mich in seinem Haus, auch das im Wald, einige Kilometer von Freiburg entfernt. Er ist ein hochgewachsener, freundlicher Mann mit einem gutmütigen Blick und einer profunden Redlichkeit in seinen Gesichtszügen. Er erzählt mir von seinem Vater, doch viel hat er mir nicht mitzuteilen. Der Philosoph und Hirt des Seins, dessen ungestörte konzeptionelle Arbeit und Abgeschiedenheit von seiner Frau strikt beschützt wurden, war seinen Kindern liebevoll zugetan, dürfte jedoch nicht viel

Zeit für sie gehabt haben, war er doch vollauf damit beschäftigt, an seinem Schreibtisch oder in seiner Hütte im Schwarzwald über den globalen Nihilismus der Welt nachzudenken.

Ich frage ihn, ob sein Vater in seiner Diagnose zur Vergessenheit des Seins und zur Gewalt der Technik der Ansicht war, dass es sich um eine zwar ernste, doch vorübergehende Krise in unserer Zivilisation handelte oder aber um eine tödliche Krankheit, um ein Ende. »Was uns betrifft, unsere Erde«, antwortet mir der Oberst, »war er der Ansicht, dass das Spiel aus sei, dass unser irdisches Schiff zum Untergang verurteilt sei.« Der Hirt des Seins wurde zum Platzhalter des Nichts. Natürlich war da das Ganze, das Sein. Doch wer weiß, ob dort die Wälder so sein würden wie die, die er liebte, mit ihren Lichtungen, die ihm sein Philosophieren diktierten. Heidegger liebte das Pathos der großen epochalen Wendepunkte, die Schicksalhaftigkeit. Vielleicht ist es nicht nötig, die Metaphysik in den Schornsteinen zu erblicken; das Waldsterben, sagt von Ditfurth, muss nicht zwangsläufig vom Schicksal vorherbestimmt sein.

15. März 1986

Bei den Lausitzer Sorben

1. Die Reise zu den Lausitzer Sorben beginnt in Dresden, obwohl die sächsische Landeshauptstadt, das einst prachtvolle »Elbflorenz«, das im Februar 1945 von den Bomben der alliierten Truppen dem Erdboden gleichgemacht wurde, nicht zu jenem Gebiet gehört, das, außer von einer deutschen Mehrheit, von einem der kleinsten und am wenigsten bekannten Völker Europas bewohnt wird, von einem slawischen Volk mit einer eigenen nationalen und sprachlichen Identität, das erstmals 631 n. Chr. in den Chroniken erwähnt wird. Doch Dresdens Name leitet sich von einem altsorbischen Wort ab, von der Bezeichnung für eine Siedlung von Sumpfbewohnern, und Michal Frencel, einer der ersten Dichter und Sänger des Nationalbewusstseins seines Volkes, schrieb voller Stolz und sich auf die große slawische Bruderschaft berufend an Zar Peter den Großen, dass Dresden von den Sorben erbaut worden sei – wohl mit dem Gedanken an die unbeachtete, geduldige Arbeit seiner Landsleute, die über Jahrhunderte von den Schalthebeln und Hierarchien der Macht ferngehalten wurden und zu jenen niederen Mühen bestimmt waren, durch die Städte und Imperien errichtet werden, die jedoch in den Annalen der Geschichte kaum eine Spur hinterlassen, so wie die Hände, die Stein auf Stein ein Haus bauen, ihren Abdruck nicht auf diesen Steinen hinterlassen. Wahr ist aber auch, dass Frencel sich, wie alle Nationalisten, zu Übertreibungen

hinreißen ließ, wie etwa als er schrieb, die slawische Sprache werde sogar in China gesprochen.
Ich bin seit dem Fall der Mauer zum erstenmal in Dresden. Einige Jahre sind inzwischen ins Land gegangen, und doch verstellen hier und dort noch Trümmer nicht nur im übertragenen Sinn das Terrain. Unterwegs stößt man immer wieder auf Bauarbeiten, die zwar einerseits an die nie endenden Werkeleien in den Ländern des Ostens zur Zeit des Realsozialismus erinnern, andererseits jedoch Ausdruck einer energischen Erneuerung sind, die einer noch stagnierenden Welt auferlegt und übergestülpt wird. Noch immer gibt es leerstehende Häuser, von denen der Putz abgebröckelt ist; zerbrochene Fenster und leere Fensterhöhlen gähnen an unbewohnbaren Gebäuden, und die schmutzige Farbe der vom Schornsteinrauch geschwärzten Sandsteinfassaden verstärkt die trostlose Atmosphäre noch, die das ganze Leben wie einen anonymen Regentag erscheinen lässt. Manchmal vergesse ich, dass ich in Deutschland bin, und habe das Gefühl, mich um einige Jahre zurückversetzt in einem Land des Ostens zu befinden; ein Indiz dafür ist die Resignation angesichts von Missständen, die »im Westen« Proteste hervorrufen würden.
Natürlich fehlt es nicht an ungestümen Anzeichen für den regen Wiederaufbau, für die unerbittliche kapitalistische Energie, die das Land umgestaltet: elegante Geschäfte, neue oder modernisierte Hotels, große Kaufhäuser, Lokale und Büros, die jedoch nicht zu einer einheitlichen Stadtlandschaft verschmelzen, sondern grell neben den schäbigen Warenhäusern stehen, neben den noch gegenwärtigen

Spuren des alten Mangels und der alten Vernachlässigung, neben so mancher rasch zusammengeschusterten Siedlung, in der sich die Melancholie des mitteleuropäischen Sozialismus mit der bestimmter Kleinstädte in der amerikanischen Provinz verbindet.

In einigen Straßen spürt man eine Leere, hat man das deutliche Gefühl von etwas Fehlendem; Gruppen von Jugendlichen mit gefärbten oder abrasierten Haaren und mit Bierflaschen in der Hand, mit denen sie sich auf dem Bürgersteig oder in einer Bahnhofshalle zu einer öden Party versammeln, bewegen sich in einem Großstadtambiente, das auch die Kulisse eines fast metaphysischen sozialen und existentiellen Vakuums ist – eines Vakuums an historischem Gedächtnis, an politischen Visionen, an Gesetzestafeln. Für einen kurzen Augenblick bekommt man etwas Angst, aus dieser Leere könnten plötzlich unvorstellbare Katastrophen, Gewalttätigkeiten, Rassismus, Tragödien erwachsen – als wäre mehr als ein halbes Jahrhundert voller Kriege und Schrecken vergessen und könnte nichts lehren und als könnte alles wiederkommen, sich wiederholen oder neue, nicht weniger verheerende Formen annehmen.

Einerseits ist es, als wäre der Zweite Weltkrieg gerade erst vorbei, denn man sieht noch Spuren und Trümmer davon, die erst jetzt weggeräumt werden; andererseits sieht es so aus, als wäre die Erinnerung daran, die bei uns noch immer präsent ist, obwohl der Wiederaufbau vor vielen Jahrzehnten stattgefunden hat, hier verlorengegangen und als diente sie nicht mehr als Mahnung gegen das stets im Hinterhalt liegende Böse, das Schändliche und das Leid. Vielleicht

wäre es gut, die Frauenkirche nicht – wie geplant – wiederaufzubauen, deren Ruinen wie ein ausgeweideter Körper oder wie ein Gesicht mit leeren Augenhöhlen aus Schutthalden aufragen. Die Kirche war während des grauenhaften Bombenangriffs vom 13. Februar 1945 zerstört worden, einem der Blutbäder des Zweiten Weltkriegs; es scheint, als wären die Bomben erst gestern niedergegangen und die ersten Rettungstrupps gerade eingetroffen. Der Schrecken des Krieges und des Wahns, der ihn wollte, steht uns vor Augen, deutlich sichtbar.
Es wäre besser, die Leere dieser klaffenden Wunden nicht zuzubauen, nicht auszufüllen, da sie im Gegensatz zu jener anderen, nicht greifbaren Leere voller Erinnerungen, voller Gefühle und voller Lektionen ist. Etwas weiter entfernt sieht man die prächtigen, unzerstörten Paläste, die einen Eindruck davon vermitteln, was Dresden früher gewesen sein muss. Die Beschaffenheit des Steins, die Zeit und die Unbilden des Wetters haben die Statuen geschwärzt, die Kuppeln und Fassaden schmücken; überall schwarze Engel, schwarze Putten und Nymphen, schwarze Gesichter. Das Leben ist Oxidation, und jede Erhabenheit, die es verziert und verherrlicht – wie der wundervolle barocke Glanz des Zwingers, die Residenz Augusts des Starken von Sachsen –, betont vor allem seine Brüchigkeit und feiert den Tod.

2. Zur ersten Begegnung mit der Welt der Sorben kommt es in Bautzen – auf sorbisch Budysin –, einer mit Türmen bewehrten Stadt, die sich wie ein Wachposten an der Grenze zur slawischen Welt erhebt, hier zur tschechischen

und polnischen; eines jener vielen Bollwerke der deutschen Kultur, die man, streng und schwermütig wie ein lutherisches Kirchenlied, in den verschiedensten Ländern Mittel- und Osteuropas findet, in dem ausgedehnten Gebiet der Begegnung und des Zusammenpralls zwischen Deutschen und Slawen. Das Sorbische Institut liegt nicht weit vom Bahnhof entfernt. Bautzen hat zahlreiche sorbische Institutionen, denn es ist die Hauptstadt der Oberlausitz, wo die Mehrheit der Sorben – etwa 40 000 Menschen – lebt; die übrigen etwa 20 000 wohnen in der Niederlausitz, deren Hauptstadt Cottbus – Chosebuz – ist, und sprechen eine eigene Sprache, das Niedersorbische.

Die Sorben gehören zur Gruppe der Westslawen und leben seit vielen Jahrhunderten in diesen Gebieten; zusammen mit anderen Völkern waren sie im 6. Jahrhundert von Osten zugewandert, wurden von Karl dem Großen und später von den sächsischen Herrschern und ihren Markgrafen unterworfen und gründeten nie einen autonomen Staat; im Verlauf ihrer langen Geschichte mit wechselnden Missgeschicken und in den verschiedensten Verhältnissen unter der Herrschaft der Deutschen, namentlich der Sachsen und Preußen, verteidigten sie mit einem fast immer passiven, friedlichen Widerstand beharrlich ihre Identität, wobei sie, allerdings vorsichtig, zuweilen zu ihren polnischen oder ihren tschechischen Nachbarn hinüberschauten. Sie gehörten zu dem, was im 19. Jahrhundert – auch von Engels – als »Nationen ohne Geschichte« bezeichnet wurde, also bäuerliche Nationen ohne eine herrschende Klasse, die eine unabhängige Politik hätte verfolgen kön-

nen. Ein kleines, untergeordnetes Volk ist leicht der Assimilation ausgesetzt, besonders dann, wenn es wie die Sorben eine Minderheit darstellt, die sich nicht an einer Mutternation jenseits der Grenze orientieren kann, sondern eine eigene, nur auf sich selbst gestellte Volksgruppe ist: Sorben gibt es nur in der Lausitz. Als die Sorben die Laufburschen von handwerklichen Zünften wurden, strebten sie danach, sich einzudeutschen; im 18. Jahrhundert beobachtete der Hauslehrer und Schriftsteller Jan Hórčanski, dass die Sorben im Zuge ihres gesellschaftlichen Aufstiegs dazu neigten, ihre Herkunft zu verleugnen und sich die deutschen Vorurteile über ihr Volk zu eigen zu machen.
Diese Situation ist allen Minderheiten gemeinsam. Doch die Sorben unterscheiden sich durch die bei Minderheiten sonst seltene Fähigkeit, eine oft als zweifach empfundene Identität auf eine vollkommen harmonische Weise zu leben. Nur vereinzelt tauchte in ihrer Geschichte der Wunsch nach Autonomie auf; so etwa 1918/19 mit separatistischen Zielen oder mit der Absicht eines Anschlusses an die Tschechoslowakei, was schon bald zum Scheitern verurteilt war, und dann, eine ähnliche Niederlage, wieder 1945 mit einer eher spärlichen Beteiligung der Bevölkerung. Die »vergessene Nation«, wie sie genannt wurde, verteidigte sich lieber mit der Treue zu ihren Traditionen, zu ihren Sitten und Gebräuchen, zu ihrem Gefühl für die eigene Zugehörigkeit, als mit politischen Forderungen. Je nach Zeitgeist entweder unterdrückt oder, wie etwa in der DDR, auf zweifelhafte Art gepflegt, hat die sorbische Nationalität wohl dank ihrer besonderen und fast schon para-

doxen Fähigkeit vieler ihrer Mitglieder, sich zugleich als Sorben und als Deutsche zu fühlen, überlebt.

Die sorbische Literatur – von der einer ihrer bemerkenswertesten Dichter der Gegenwart, Kito Lorenc, der auch auf deutsch schreibt, eine umfangreiche zweisprachige Anthologie zusammengestellt hat – ist voll von Klagen und Protesten hinsichtlich der herabgesetzten Stellung der Nation und will sich, mit der Stimme vieler Autoren, für das Wiederaufleben und die Verteidigung des Nationalbewusstseins engagieren, doch in der gelebten Tradition des Volkes lässt sich vielmehr eine binationale Symbiose erkennen. Es gibt eine Geschichte, die von drei Gastwirten in dem Dorf Schleife/Slepo erzählt. Der erste ist ein Sorbe, der deutsch spricht, der zweite ein Deutscher, der deutsch spricht, und der dritte, der beliebteste, ist ein Deutscher, der sorbisch spricht. Doch sogar die Sprache wird eher wie eine geliebte und vertraute Mundart gepflegt, als politisch bis zum Äußersten verteidigt; so ist auf manchen sorbischen Kongressen für einige Mitglieder der Gemeinschaft eine Simultanübersetzung ins Deutsche nötig. Während die Nazis danach strebten, die Existenz einer sorbischen Nation zu leugnen und den Ausdruck »wendisch sprechende Deutsche« gebrauchten, wird das Wort »wendisch« (das ursprünglich die Balkanvölker bezeichnete und später auf die slawischen Völker ausgedehnt und nahezu übertragen wurde) von den Sorben selbst benutzt, besonders in der Niederlausitz, die so den verächtlichen Unterton auslöschen, den das Wort in den deutschen Gebieten in bezug auf die Slawen hatte.

3. In Bautzen/Budysin finden sich zweisprachige Schilder an öffentlichen Gebäuden und an Straßen; früher waren sie auch an den Geschäften üblich. Das sorbische Gepräge wird sofort spürbar, doch seine Erhaltung bleibt hauptsächlich auf die Kultur beschränkt. Neben dem Sorbischen Institut und seinen wissenschaftlichen Veröffentlichungen gibt es ein Theater, eine Tageszeitung, eine Monatsschrift, Kinderzeitungen, Publikationen für den Unterricht, ein Museum, Verlage, Vereine und Radiosendungen (die Präsenz im Fernsehen ist spärlich); an der Leipziger Universität existiert ein Institut für Sorabistik. Die Hauptorganisation, bei der die verschiedenen Initiativen zusammenlaufen, ist die Domowina. Im Bildungswesen gibt es die sogenannten »A«-Schulen, in denen die meisten, aber nicht alle, Fächer in sorbisch unterrichtet werden, und die zahlreicheren »B«-Schulen, in denen man zwar Sorbisch lernt, jedoch als Fremdsprache.

Theoretisch hat jeder Sorbe das Recht, sich vor Gericht in seiner Sprache zu äußern, doch praktisch macht niemand Gebrauch davon, und auch die Sorben, mit denen ich rede und die wichtige Funktionen im Leben ihrer Gemeinschaft bekleiden, sind der Meinung, dass dies angesichts der Tatsache, dass sie alle ausgezeichnet deutsch sprechen, nur eine unnütze Verbohrtheit wäre. Der Direktor des Museums, der liebevoll die alten und neueren Raritäten und Zeugnisse seines Volkes erläutert, singt – als er mich mit dem Auto zum Theater bringt – ein altes Volkslied, das an den letzten Sieg der Sorben über die Deutschen im 10. Jahrhundert erinnert (gesammelt von dem großen

Jan Arnost Smoler, einem der Väter des Nationalbewusstseins), doch auch er findet es unangebracht, sich auf sorbisch an das Gericht zu wenden, das übrigens keine festangestellten Dolmetscher hat, sondern in einem der seltenen Fälle dann jeweils einen engagiert.

All das widerspricht dem Grundanspruch jeder nationalen Minderheit auf den Gebrauch der eigenen Sprache im Umgang mit den Behörden. Doch es hat mit Zugeständnissen nichts zu tun; wahrscheinlich beschränken sich die Sorben nicht darauf, ausgezeichnet deutsch zu sprechen – etwas, was auch bei anderen Minderheiten vorkommt –, sondern empfinden diese Sprache, unabhängig von allem fachlichen Wissen, zudem als eine Muttersprache, deren Gebrauch auch psychologische und emotionale Bedürfnisse befriedigt. Nicht von ungefähr schreiben viele Schriftsteller (und zwar die besten von ihnen), die leidenschaftliche Dichter ihrer Welt sind, auch auf deutsch oder drücken ihre Gefühle und Phantasien in beiden Sprachen aus, die sie nicht als unvereinbar empfinden. Diese Neigung, Konflikte abzuschwächen, begegnet mir bei den Treffen mit den verschiedenen Vertretern der Gemeinschaft immer wieder, sie zieht sich stetig durch die sorbische Tradition; nicht einmal der Untergang der DDR hatte allzu harte Auseinandersetzungen mit den abgesetzten Führern zur Folge.

Auf diese Weise verfügen die Sorben in vielen Fällen über eine reichere, doppelte und ungebrochene Identität, über eine Gangart mehr. Und in diesem Sinne könnten sie höchst praktische Vermittler zwischen Deutschland und der slawischen Welt sein. Am Deutsch-Sorbischen Volkstheater in Bautzen, wo mich dessen Intendant Michael Lorenc empfängt, werden Stücke in beiden Sprachen aufgeführt (im allgemeinen zehn bis zwölf in deutsch und sechs in sorbisch, davon eins im Rahmen des Hauptspielplans und die anderen auf kleineren Bühnen, die auch Gastspiele in den von der Minderheit bewohnten Dörfern ermöglichen). In der Stadt ist die sorbische Präsenz unauffällig, doch sichtbar – in Cafés, Buchhandlungen und Kunstgewerbeläden. Die Beziehungen zwischen den beiden Volksgruppen sind entspannt, allerdings fehlt es, wie mir Doktor Jentsch im Sorbischen Institut erzählt, auch nicht an Gemurre der Deutschen wegen der Subventionen und Finanzhilfen für die sorbischen Kultureinrichtungen, die aufgrund der geringen Größe der Minderheit als unverhältnismäßig empfunden werden, während die Sorben angesichts der Krise, die ganz Deutschland erfasst hat, andererseits befürchten, die Zuwendungen könnten schon in naher Zukunft aus wirtschaftlichen Gründen geringer werden. Geburtenrückgang, Arbeitslosigkeit, Auflösung der landwirtschaftlichen Genossenschaften und Wohnortwechsel sind die schnellste Form der Assimilation, durch die die sorbische Gemeinschaft abnimmt.

4. Jede Minderheit – und namentlich eine so besondere wie die sorbische, die auf die Stetigkeit des täglichen Lebens und auf Gefühlstreue mehr vertraut als auf den politischen Kampf – findet sich vor allem in der eigenen Literatur wieder. Die Sorben – die Indianer Deutschlands, wie der Autor Mato Kosyk sie nannte – besitzen eine reiche

Literatur, die einer Landschaft ähnelt, in der sich vieles in Schichten abgelagert hat und im Boden miteinander verschmolzen ist: jahrhundertealte Erinnerungen, archaische Vermächtnisse von Zuwanderungen, die aus allen Richtungen kamen und wieder verschwanden, uralte Mythen und Völker, die von der Gewalt und den ruhmreichen Ereignissen der Geschichte ausgelöscht wurden, in einem langen Atemzug, träge und langsam wie das Dahinfließen der großen Flüsse in den Ebenen, die in ihrer Literatur besungen werden. In dem kleinen sorbischen Sammelbecken, das seine Identität über die Jahrhunderte und über die Unterdrückung hinweg standhaft bewahrte, fließt ein faszinierendes Gemisch aus unterschiedlichen Elementen zusammen, die aus verschiedenen Völkern jenes großen Schoßes stammen, der germanische und slawische Volksgruppen aller Art vereinte. Die ideale Zeit dieser Literatur wurde von dem deutschen Dichter Bobrowski, der für zeitgenössische sorbische Autoren wie Kito Lorenc ein Vorbild und Meister war, als die sarmatische Zeit bezeichnet, eine mythische Zeit, langsamer und dauerhafter als die historische. Diese Literatur schildert und beurteilt die Geschichte von unten, aus der Perspektive der Besiegten und der Erdscholle. Die Sagengestalt Krabat, ein dämonischer Zauberer, der erlöst wird, weil er seinem Volk half, und der nun in einem Roman von Jurij Brězan auftaucht, dem bedeutendsten sorbischen Erzähler der Gegenwart, ist eine Symbolfigur dieser kleinen, vitalen Welt. Die sorbische Literatur leidet natürlich unter einer von ihren besten Schriftstellern angeprangerten Last, nämlich unter der engen Bindung an eine konservative Tradition und unter dem Bemühen, sich in den Dienst der nationalen Sache zu stellen. Diese Beschränktheit – obgleich aus moralischer Sicht ehrenwert – ist sehr hinderlich, denn sie verzichtet auf poetische Kreativität und macht es den kleinen, mit dem Schutz der eigenen Identität beschäftigten Völkern schwer, große Schriftsteller und eine große Literatur hervorzubringen, wie Kafka einmal in einem berühmten Text schrieb. Noch fehlt ein modernes Drama, die Dialektik zwischen Minderwertigkeitskomplex und Selbstbehauptung dauert an, Folklore und Traditionalismus nehmen oft zuviel Raum ein; auch die große Zahl der Schriftsteller, gemessen an der kleinen Gemeinschaft, aus der sie kommen, ist verdächtig. Doch nun ändern sich die Dinge, besonders nach dem, was in der Zeit der DDR vor sich ging, als die Sorben gehegt und zugleich deklassiert wurden wie eine Blume im Knopfloch und als durch eine wilde Industrialisierung, die ganze Dörfer und somit die Grundlagen der sorbischen Gemeinschaft zerstörte, vor allem ihre Kultur geschädigt wurde. Diese urbar gemachte und im Namen der Kohle verwüstete Region wurde für die beste sorbische Literatur zur eigentlichen Heimat, im Geist verloren und wiedergefunden, befreit von jedem folkloristischen Stereotyp und erhoben zum Symbol einer »Gegenwelt« zur Realität und einer weniger innerlichen und mehr universalen Identität.

Kito Lorenc, der liebevolle Bewahrer der literarischen Tradition seines Volkes, dessen bereits erwähnte Anthologie zu einem nationalen Vademekum wurde, ist auch ein experimenteller Autor, der alles Süßliche von der Sprache abkratzt und daraus eine Metapher für das Chaos der Geschichte und des Lebens macht: die Struga, sein geliebter Heimatfluss, ist sowohl der mythische Strom der Einheit des Lebens als auch das kleine Rinnsal, das die Schlacke und den Abfall der Geschichte mit sich führt. Jurij Brežan ist dank seines Wissens darum, dass er als Schriftsteller nicht Aöde, sondern »Paria« einer blockierten Gesellschaft ist, der Begründer des sorbischen Romans. Im lyrischen Werk von Róza Domascyna ist der Sorbe ein trauriger und sarkastischer »Clown im Käfig Mitteleuropas«.

5. Die Literatur erzeugt Widersprüche; das ist ihre Aufgabe, was manchmal für Überraschungen sorgt. »Wir bleiben Sorben!« verkündet ein Gedicht von Jakub Bart-Ćišinski, einem der klassischen Autoren, und solche Zitate ließen sich beliebig fortführen. Im sorbischen Café von Bautzen erinnert mich Kito Lorenc daran, dass sein Großvater, der ebenfalls berühmte Schriftsteller Jakub Lorenc-Zaleski, dazu aufforderte, sorbisch zu sein und die eigene Kraft in den Dienst der Nation zu stellen. Aus dieser direkten, familiären Mahnung erwuchsen sein eigenes Engagement für sein Volk und sein poetisches Werk. Es ist beeindruckend, wenig später zu erfahren, dass er, Kito, das Sorbische als Kind lernte, während er am Ufer der Struga die Worte und Rufe der Bauern und Landarbeiter hörte, die Baumstämme auf Karren luden.

Die sorbische Identität manifestierte sich bei ihm von innen heraus, aus einem plötzlich wiedererkannten Ruf aus ferner Zeit, den er sich zu eigen machte. Kito Lorenc ist ein

Dichter des Deutschen und auch der beiden sorbischen Sprachen, doch seine Verwurzelung in der eigenen Identität ist nahezu prälinguistisch oder extralinguistisch, als wäre die sorbische Welt das Leben, das vor der Sprache kommt. Auch in dem Roman *Der Laden* des deutschsprachigen DDR-Schriftstellers Erwin Strittmatter sind die Großmutter und die Großtante des Protagonisten Sorbinnen und versinnbildlichen – wie die kaschubische Großmutter in der *Blechtrommel* von Grass – die mythischen, archaischen Elemente der Mutterschaft und der Lebenskraft. Es gibt einige Sorben, die sich als solche bezeichnen, ohne dass sie sorbisch sprechen, erzählt mir Lorenc. Er ist ein freundlicher Mann, in dessen Gesten und Blick eine unbeirrbare, zurückhaltende Melancholie zum Ausdruck kommt. Er verkörpert die sorbische Literatur und Identität, ist eine Stimme, die sie auch über die Grenzen der Lausitz hinaus existieren lässt. Doch seine Kinder, sagt er, können kein Sorbisch. Er scheint das nicht übermäßig zu bedauern, obwohl er gesteht, dass ihm das durchaus mögliche Ende der Sprache, in der er dichtet, tragisch bewusst ist.

6. Wie viele Nationalliteraturen verdankt auch die sorbische dem Protestantismus einiges – wenngleich Luther sich in beleidigender Form über das kleine Volk geäußert hatte; einer der ersten Texte, die Luthers Katechismus enthalten, ist das *Enchiridion Vandalicum*, einer Tradition folgend, die die Sorben mit den Vandalen in Verbindung bringt. Heute sieht die Situation ganz anders aus. In den evangelischen Dörfern ist die Entwicklung der sorbischen Identität und

besonders der Sprache ohne allzu großen Widerstand rückläufig, während in den katholischen Dörfern – in denen die Sorben manchmal bis zu achtzig Prozent ausmachen – Tradition, Kultur, Sprache und ethnisches Bewusstsein standhaft gepflegt werden; wie auch in anderen slawischen Ländern ist der Klerus hier der kämpferische Hüter der nationalen Identität. Es war der katholische Priester Noack, der scharf gegen die Pläne der DDR zum Ausbau der Kohleindustrie protestierte, durch die die Existenz der Sorben beeinträchtigt wurde. Und in den katholischen Dörfern lebt – etwas sagenumwoben und versteckt wie hinter den sieben Bergen aus dem Märchen – das sorbische Volk. Man sieht noch die alten Trachten, die hohen Hauben mit den langen Schleifen, die weiten Röcke, die münzenschweren Westen. Auf den Friedhöfen, wie etwa auf dem wunderschönen von Ralbitz/Ralbicy, stehen die Kreuze in Reih und Glied, weiß und alle gleich; keines überragt die anderen, pompöse Grabmale sind nicht gestattet, alle ruhen in der Gleichheit des Todes, wer stirbt, wird nicht bei seinen Angehörigen beigesetzt, sondern bei dem, der als letzter vor ihm gestorben ist.

Zu Ostern ziehen Prozessionen zu Pferd von einem Dorf zum anderen, große Banner im Wind, die Reiter tragen schwarze Jacketts und Zylinder, die Pferdegeschirre werden von Generation zu Generation weitergegeben. Ein weiterer Osterbrauch sind die mit verschiedenen kunstvollen Techniken bemalten Ostereier, für die man Geduld und viel Geschicklichkeit braucht; märchenhafte Farben, zarte, vollendete Muster und winzige Geometrien lassen aus

Hühnereiern zauberhafte Gebilde entstehen, anrührend wie jede besonders zerbrechliche und flüchtige Schönheit, wie Zeichnungen oder Figuren aus Schnee, eine Kunst, die unmittelbar an die bescheidene Aufmerksamkeit für die Dinge erinnert, aus der gleichwohl die größte Kunst entsteht, und an die Sterblichkeit des Menschen und seiner Werke.

Ich bin in Radibor/Radwor, einem anderen sorbischen Dorf. Es ist kalt, fortwährend klart der Himmel auf und bezieht sich wieder; plötzliche Windböen verursachen kurze Schneestürme. Auch hier haben die Häuser eine schmutziggraue Farbe, wie die, welche Mitteleuropa so häufig trübselig und melancholisch macht, eine Landschaft, bei der einem schwer ums Herz wird. Überall zwischen den Häusern und auf den Feldern ragen goldene Kreuze auf. Die Messe in sorbisch ist vorbei, die Leute kommen aus der Kirche, nur einige alte Frauen tragen noch Tracht, man hört vor allem Deutsch. Ich wende mich an den Kirchendiener, der mich schroff abweist, mit einem bäuerlichen Argwohn gegen den Fremden, in dem vielleicht der noch nicht lange zurückliegende Argwohn gegen die möglichen Spitzel des mit der Mauer gefallenen Regimes nachklingt. In dem gemütlichen Gasthaus *Meja* (Mai) weist das schöne blonde Mädchen mit den blauen Augen, das den Kaffee an den Tisch bringt, auf ein Photo an der Wand, auf dem sie als kleines Kind in der traditionellen Tracht zu sehen ist. Sie ist die Tochter des Wirts. Redselig und freundlich erzählt sie uns von ihrem Studium an der Universität Dresden, vom Dorf, von einem harmonischen Zusammenleben, das im Wesen der einzelnen, sich ihrer doppelten Identität bewussten Menschen beginnt. Sie spricht über die wachsende, sorglos akzeptierte Assimilation und über ihre Muttersprache, von der sie glaubt, dass sie verschwinden wird. Ich frage sie, ob dieses Ende sie traurig stimme. Nein, antwortet sie, denn sie erlebe es ja nicht mehr. Vielleicht ist dies die einzige Möglichkeit, die uns angesichts des unvermeidlichen Endes aller geliebten Dinge bleibt: darauf zu hoffen, es nicht zu erleben und vorher zu sterben.

3. April 1994

Der Tanz des Rabbiners

Auf einer Literaturtagung, die vor einigen Jahren im Jüdischen Museum von Eisenstadt in Österreich stattfand, fragte mich irgendwann ein Rabbiner aus Wien, der an unserer Diskussion teilnahm, mit leiser Vorsicht in der Stimme: »Sie sind aber kein Jude, oder?« Ich hatte kaum verneint, als der Rabbiner mit vorgestreckten Händen, um nur kein Missverständnis aufkommen zu lassen, bereits hastig erklärte: »Es war ja bloß eine Frage.«

Wie fast alle jüdischen Geschichten steckt auch diese winzige Anekdote voller talmudischem Witz, sie zieht ihre Würze aus dem, worauf sie anspielt und was sie verschweigt, aus der jahrtausendealten Geschichte der jüdischen Andersartigkeit, die mit aller Größe und allem Elend, mit allem Humor und aller Tragik unausgesprochen hinter dieser Episode steht, hinter der Kunst des Paradoxen und des Abstrakten und hinter der Fähigkeit, das Problem auf den Kopf zu stellen und so den Gesprächspartner, den Nichtjuden, den anderen, zu beruhigen, damit er sich keine Sorgen macht. Diese unbeirrbare, ironische Selbstkenntnis hat das Judentum auch den Verfolgungen entgegengestellt, wohl wissend, dass diese aus Unsicherheit und Angst erwuchsen und dass es nötig war, die anderen, die Verfolger, von dieser unsinnigen Angst vor dem Judentum zu befreien und ihnen begreiflich zu machen, dass sie nichts zu befürchten hatten.

Die Sabbatwürde des Juden, seine unbezwingbare Unverletztlichkeit im Angesicht der Geschichte haben ihn zu einer mythischen, mit nostalgischem Neid betrachteten Gestalt gemacht. Dem Judentum gegenüber hat man sich oft gefühlt, wie Kafka sich den Ostjuden des jiddischen Theaters gegenüber fühlte. In den Augen Kafkas – eines Juden, der die melancholische Überzeugung hegte, zuwenig Jude zu sein, herausgerissen zu sein aus der religiösen und vitalen Einheit seiner Kultur – verkörperten die Ostjuden all das, was das westliche Bewusstsein gerade verlor: das intakte Gefühl für die umfassende Einheit des Lebens, die emotionale und vitale Unversehrtheit des Menschen, die epische, harmonische Vertrautheit mit der gesamten Existenz.

Unter den Fenstern der westlichen Intelligenz, die die eigene Spaltung und die eigene innere Zerrissenheit zunehmend wahrnahm, trieb sich der – arme oder reiche – Jude herum wie der König der Schnorrer, dieser unerschrokkenen, hartnäckig bettelnden Schmarotzer: vagabundierend und aufdringlich, Spott und Gewalt ausgesetzt, doch bereit, dies gleichgültig von sich abzuschütteln, heimatlos, doch verwurzelt in einem Buch und in einem Gesetz, ins Leben eingesetzt wie ein König und fähig, sich überall zu Hause zu fühlen, als wäre die ganze Welt für ihn ein vertrautes Stadtviertel, die Straße der Kindheit, in der man den eigenen Heimatdialekt spricht.

Das Judentum war und ist ein Beispiel für eine extreme Verschiedenartigkeit, für ein unbeugsames Anderssein, das in seinen Riten, seinen Gebräuchen, seiner Sprache unzugänglich und fremd erscheint, jedoch auf geheimnisvolle Weise mit dem Universalmenschlichen übereinstimmt. Seit mindestens einhundert Jahren müssen wir bei vielen Gelegenheiten, wenn wir das Gefühl für Leidenschaften und Empfindungen wiederfinden wollen, die ewig sind wie der homerische Schild des Achilles, die Werke der großen jüdischen Literatur aufschlagen, denn sie erzählen uns von der väterlichen Liebe, vom Rätsel der Ehe, von der Anarchie des Eros, vom Gesetz und seiner Übertretung, von der Evidenz und dem Wert des Alltäglichen, Essen, Arbeiten, Lieben, Schlafen, Beten. Die jüdische Literatur, hervorgegangen aus einer Kultur, die für den Laien häufig unentwirrbar bleibt, hat mit unvergleichlicher Intensität einen Prozess dargestellt, der nicht nur die Juden betrifft, sondern alle Menschen der Moderne: die Auflösung einer Werteeinheit – die vom Judentum mit der religiösen Einheit des Gesetzes gleichgesetzt wird – in der zentrifugalen Vielfalt der zeitgenössischen Existenz, die Nietzsche als »eine Anarchie der Atome« bezeichnete und Musil als »ein Delirium vieler«.

Bis vor einiger Zeit bedeutete es, wenn man in unserer Welt über das Judentum sprach, diese Verbindung und diesen Wert freimütig anzuerkennen, ohne den geringsten Schatten jenes ängstlichen und übereilten Philosemitismus, der ein schlechtes Gewissen und Verlegenheit verrät. Der Antisemitismus, der grausame ebenso wie der eher oberflächliche, schien eine schreckliche Krankheit zu sein, gegen die die europäische Kultur ein für allemal geimpft war. Heute nun hat man den beunruhigenden Eindruck, dass sich da etwas ändert, wenn auch nur ganz im kleinen; als käme das Misstrauen gegen die Juden wieder auf, die uneingestandene und verwerfliche Überzeugung, dass seine Andersartigkeit – seine individuelle und kulturelle Besonderheit – ihn unweigerlich grundverschieden machte, unerreichbar in seiner zwielichtigen Rätselhaftigkeit, und letzten Endes unzuverlässig; als bezweifelte man, dass er im vielfältigen Chor der Menschheitsfamilie wirklich der Träger und Vertreter von Werten sein könnte, die für alle Gültigkeit haben.

Die Attentate und die um sich greifenden Gewalttaten sind das lautstarke Echo auf eine unmerkliche Veränderung, die sich nun womöglich im Tonfall der Stimme vollzogen hat, die über die Juden spricht, auf eine leichte Befangenheit, die dieser Stimme, ihren Zustimmungen und ihren Kritiken ihre Freiheit nimmt: als wäre die Andersartigkeit der Juden, wenn auch nur geringfügig, nun wieder ein Problem oder als könnte die an mich gerichtete Frage des Rabbiners eine Spur von gegenseitiger Verlegenheit mit sich bringen.

Die gegenwärtige Debatte über die Invasion Israels in den Libanon trägt zu dieser Kluft bei, ist jedoch nicht der einzige Grund. Manche Verhaltensweisen der derzeitigen israelischen Regierung erregen wegen der Schwere ihrer kriegerischen Handlungen Anstoß, da sie anscheinend nicht durch die militärpolitische Lage gerechtfertigt werden, sondern vor allem durch den arroganten Ton mancher Stimmen, die nicht das Bewusstsein erkennen lassen, dass man, zu Recht oder zu Unrecht, als notwendig erachtete, doch leider schmerzhafte Maßnahmen ergreifen muss, und die statt dessen eine verächtliche Überheblichkeit verraten. Dieses Verhalten ist brutal und darauf ausgerichtet, unvernünftige Gegenreaktionen zu provozieren, vor denen wir uns in acht nehmen müssen.

Die Debatte über Israel und die Kampagne, die sie anheizt, werden vielleicht schnell abklingen, wenn in Beirut die Schlusstragödie vermieden wird: nicht nur weil die Welt ein kurzes Gedächtnis hat, sondern weil die Israel entkommenen Palästinenser auch weiterhin die Opfer der arabischen Staaten und des tragischen Tanzes sein werden, den diese um ihr Schicksal veranstalten, ohne es zu wagen, ihnen zu helfen, ohne darauf zu verzichten, sie gegen Israel aufzuhetzen, und daher ohne ihnen erlauben zu wollen, sich in einem neuen Land einzufügen und zu integrieren und so das Unrecht und das Trauma hinter sich zu lassen, das sie durch den Verlust ihrer Heimat erlitten haben – so wie es nach dem Zweiten Weltkrieg in vielen Staaten viele Flüchtlinge tun konnten, die ihr Heimatland ebenfalls verloren hatten.

Keine israelische Regierung repräsentiert das Judentum, und keine Kritik an ihr, ob nun berechtigt oder nicht, betrifft das Judentum und kann auch nicht nur aus der Sorge heraus zurückgewiesen werden, dieses verteidigen zu wollen.

Die jüdische Andersartigkeit und ihr Schicksal ist ein beispielhaftes, universelles Gleichnis für das Menschliche überhaupt. Niemand kann uns dieser Andersartigkeit berauben und entfremden, ohne uns einen grundlegenden

Teil unserer Realität wegzunehmen. Deshalb muss man dem kaum spürbaren, doch gefährlichen Antisemitismus, der im Schwange ist, schonungslos ins Auge blicken, denn das Risiko ist viel zu hoch. Alles, was ihn nährt, muss aus der Welt geschafft werden.

Es gibt zum Beispiel einen Komplex gegenüber Israel, der sich sowohl in der Kritik als auch in der Zustimmung zeigt und der durch ein vernünftiges und freies Urteil über einen Staat, der ist wie jeder andere, ersetzt werden muss, einen Staat, der nicht dazu berufen ist, das Reich Gottes zu verwirklichen, und der weder die Pflicht hat, sich besser zu verhalten, noch das Recht, sich schlechter zu verhalten als andere. Es gibt einen falschen Philosemitismus, hinter dem sich diejenigen bequem verstecken, die in einer betont hervorgekehrten Solidarität mit den Juden, die in der Vergangenheit und in fernen Ländern verfolgt wurden, ein Alibi suchen, um die Opfer anderer, zeitlich und räumlich näherliegender Verfolgungen zu ignorieren, Opfer, deren Stimme nicht kräftig genug ist, um sich zu erheben und laut zu schreien.

Das entsetzliche Primat der Juden hinsichtlich des erlittenen Leids und der Würde, mit der es ertragen wurde, gibt uns nicht das Recht, den Juden das Monopol auf Leid und Solidarität zuzusprechen; sie sind nur dann das auserwählte Volk, ein allgemeingültiges Sinnbild des Menschlichen, wenn man in ihrer Tragödie die Tragödie aller lesen kann und wenn die Solidarität, die man ihnen schuldig ist, nicht bei ihnen stehenbleibt, sondern sich auf den Schmerz aller Menschen ausdehnt, auch derer, die nicht in der Lage sind, ihren Schrei bis an unsere Ohren dringen zu lassen. Andernfalls nährt der Philosemitismus die wahnwitzige antisemitische These von der jüdischen Verschwörung, wie im Fall der sogenannten Revisionisten, die die Vernichtungslager als eine Erfindung der Juden betrachten.

In einer Welt, die einerseits in einem Delirium vieler zerfällt, die sich nicht verstehen, und die andererseits die Unterschiede in einer anonymen Abflachung nivelliert, wird die Andersartigkeit, die das Universalmenschliche in ihrer Besonderheit nicht negiert, sondern verkörpert, zum zentralen Problem. Das Judentum ist eines der Gesichter dieser mannigfaltigen Universalität. Vor zwei Monaten waren wir in Mexiko-Stadt zu einem jüdischen Hochzeitsfest eingeladen. Es heiratete der Neffe einer Freundin von uns, die das jüngste von zehn Kindern eines Rabbiners und jünger als dieser Neffe war. Nach der Zeremonie in der Synagoge der syrischen jüdischen Gemeinde begann abends gegen zehn Uhr in einem riesigen Hotel das Fest, das bis um acht Uhr morgens dauern sollte.

Die achthundert Gäste tanzten zur Musik von vierzig Geigen. Es herrschten eine große Freude und die Vitalität der familiären *pietas*, diesem Geheimnis der jüdischen Kraft und Zärtlichkeit. Die Brüder, Schwestern, Schwägerinnen und Schwäger unserer Freundin waren liebevoll und glücklich; auf ihren Gesichtern lag ein Ausdruck von Zufriedenheit. Vielleicht waren einige dieser Ehen arrangiert worden, doch diese Männer und Frauen sahen froh und entspannt aus. Die Schwestern und Schwägerinnen unserer Freundin, einer jungen Frau, wirkten alle wie junge

Mädchen, liebenswürdig, gesprächig und heiter. Einige von ihnen waren bereits Großmütter, eine sollte demnächst Urgroßmutter werden, und ich fühlte mich in dieser unbesiegbaren Fröhlichkeit der jüdischen Familie so gut aufgehoben wie unter Mitschülern und Mitschülerinnen. Ich hatte das Gefühl, einer von ihnen zu sein, so wie schon kurz zuvor zwischen den Verwandten des Bräutigams auf der Bank in der Synagoge.

Irgendwann verstummten Walzer und Rock in dem riesigen Saal, und die *hora* begann, der jüdische Rundtanz. Die Tänze wurden immer schneller, unbändiger und waren voller fröhlicher, wilder Energie und von jener dionysischen Überschwenglichkeit, die Roth bei den Ostjuden beobachtete und die doch immer in einer familiären Festlichkeit geordnet blieb. Der Rabbiner, der die Trauung vollzogen hatte, ein eher kleiner Mann, hatte sich den massigen Bräutigam aufgeladen und wand sich in flinken Tanzbewegungen, ohne unter dieser Last zusammenzubrechen, womit er bewies, dass der Mann Gottes voller Lebenskraft und immun gegen jene Melancholie ist, die die chassidischen Heiligen als die schwärzeste Sünde bezeichneten. Dann lud der Rabbiner den Bräutigam ab und stellte sich eine Likörflasche kerzengerade auf den Kopf, während er mit schnellen Hüpfern weitertanzte, ohne dass sich die Flasche vom Fleck rührte, und er forderte die anderen auf, es ihm gleichzutun, was viele auch schwungvoll probierten, allerdings, da sie keine Männer Gottes waren, ohne Erfolg und in dem Getöse herunterfallender Flaschen.

Es war das Fest des »ewig unversehrten« Juden, wie Joseph Roth ihn nennt, unverwüstlich und dem Leben zugewandt wie seine Väter, die selbst unter den Verfolgungen des Pharaos und in den Konzentrationslagern der Nazis Kinder zeugten. Wir waren von einer Reise durch mehrere mexikanische Dörfer, die von Indios bewohnt wurden, zurückgekehrt und hatten noch das Bild dieser ausgelöschten, unterdrückten Rasse vor Augen, unfruchtbar, gelähmt und unfähig, der Welt ihre Klage mitzuteilen. Gerade in jenen Tagen berichteten nur kurze Meldungen in den Lokalblättern und noch kürzere in den europäischen Zeitungen von Massakern in indianischen Dörfern in Guatemala, die grausam vernichtet worden waren.

Wie alle Unterdrückten könnten auch die Indios die in diesem Tanz vor mir entfaltete Kraft gebrauchen, diese unverwundbare Widerstandsfähigkeit gegen jede Gewalt, die den Menschen, ihrem Blut und ihren Göttern zugefügt wird. Das auserwählte Volk, das sich auf dem Berg Sinai ein universelles Gesetz gab und kein Stammesgesetz, ist dann ein auserwähltes, wenn sein Schmerz für alle spricht. Auch ich war an diesem Abend einer von ihnen, doch ich begriff, dass die legitimste Erbin dieser Kultur unsere Freundin war, ein junges Mädchen, das seinerzeit aus dieser Welt fortgegangen war und zu ihr zurückkehrte, indem sie sie in der Freiheit des zärtlichen Gefühls und nicht in der engen Bindung wiederfand: ein Mädchen, das seine Familie mit den zehn Geschwistern und den sechzig Neffen und Großneffen liebte, es jedoch auch verstand, über sie hinauszugehen. Dante wusste, dass seine Liebe zu Florenz, die ihm durch das Wasser des Arno bewusst geworden war, ihn zu der Empfindung bringen sollte, dass die ganze Welt unsere Heimat ist, so wie das Meer dies für die Fische ist.

18. August 1982

Musikautomaten in Zagreb

1. Graf Ivan Gerersdorfer könnte in einer Erzählung von E. T. A. Hoffmann zu Hause sein, etwa so wie Rat Krespel, der in der Hoffnung, hinter das Geheimnis der Musik zu kommen, Geigen zerlegte, doch der Graf wohnt in einem baufälligen, verschlafenen Palast auf einem Hügel in der bezaubernden barocken Altstadt von Zagreb, wo er mit unbekümmerter Zurückhaltung die beschränkten Verhältnisse und den Herbst seines Lebens verwaltet und mit eigensinniger Liebe auch seine Sammlung von mechanischen Musikinstrumenten, dieses letzte private Museum in der kroatischen Hauptstadt.

Der Graf ist um die Siebzig, groß, hager, mit einer etwas eingefallenen Brust und leicht gebeugten Schultern; einige Haarsträhnen fallen ihm auf die schmalen Wangen, zwischen denen eine vornehm grimmige Nase hervorragt, mit der unbestreitbaren Autorität, wie große Nasen sie haben, darüber zwei dunkle Augen, abwesend und gelassen, in denen ein dunkles Feuer brennt. Der Anzug ist abgetragen, die nervösen, dünnen Finger sind braun vom Nikotin. Der Palast gehörte der Familie Jelačić, der des berühmten kroatischen Bans, der 1848/49 an der Niederschlagung der ungarischen Revolution gegen die Habsburger beteiligt war und unter dessen nunmehr weggeräumtem Denkmal sich traditionsgemäß die Liebespärchen trafen.

Auch der Graf – erzählt mir die Übersetzerin Ljiljana Avirović, der wir hervorragende kroatische Fassungen von Werken der italienischen Literatur verdanken und ebenso hervorragende italienische Versionen von jugoslawischen und russischen Klassikern wie Bulgakow und Pasternak – stammt aus der Familie des Bans, die für Zagreb ein Symbol der Vaterlandsliebe ist und für Budapest ein Symbol der bedrückenden Fremdherrschaft. In diesem einst so glanzvollen Palast, in dem nationale Geschichte geschrieben wurde, findet man heute würdevolle Armut, Düsternis, rissige Wände und das Abenteuer des alltäglichen Überlebens, das keineswegs leichter ist als eine Feldschlacht oder die Eroberung einer Stadt. Nach und nach hat der Graf den größten Teil des Palastes aufgegeben, in dessen erstem Stockwerk sich nun ein Kindergarten befindet. Er hat sich zum Wohnen in die wenigen, als Museum eingerichteten Räume zurückgezogen, die wir über eine majestätische Treppe erreichen, welche von Erzieherinnen und Kindern mit ausgehöhlten Kürbissen und bunten Zeichnungen geschmückt wurde. Das Leben ist eine Strategie des Rückzugs, wie die klugen Köpfe jenes Mitteleuropas sehr wohl wussten, zu dessen Kern Zagreb gehörte und gehört.

Den Winter über repariert, ordnet, poliert und restauriert Graf Gerersdorfer seine mechanischen Musikinstrumente, die seine Leidenschaft und sein Lebensinhalt sind, unanfechtbar und durch sich selbst gerechtfertigt wie jede Liebe. Seine Sammlung ist ein richtiges Museum mit festen Öffnungszeiten, obgleich der Hausherr, wenn er es für angebracht hält, die Tür auch nach der Schließzeit öffnet.

Polyphone, mechanische Flöten, Spieluhren, Zithern; ein Orchestrion in Form eines Jugendstilschranks, das mit Gewichten funktioniert und achtzehn verschiedene Kompositionen in den Klangfarben von Klavier, Trommel und Cembalo spielt; ein glänzendschwarzes Herophon mit Handkurbel, die Metallplatten eines Aristons, ein Euphonion mit seinen Stahlzinken, die die Partitur von einer Drehwalze mit spitzen Punkten ablesen, Biedermeierspieldosen, aus denen klassische Stücke der Kammermusik erklingen, eine Spieluhr in Eulenform und sich aufblähende und wieder zusammenschrumpfende Blasebälge, die den Raum mit unsterblichen Melodien erfüllen.

An den Wänden Seidentapeten, die hier und da mit Spinnweben bedeckt sind; auf einem Bild sieht man einen toten Hirsch, dazu eine Uhr ohne Zeiger, die man auch aus vielen Erzählungen und Filmen kennt, ein leeres Auge der Zeit. Die Automatenmusik kommt aus den Gegenständen, den Dingen, die wir in unserer Kindheit deshalb für Lebewesen hielten. Der Stoffbär war nicht weniger echt als die Katze des Nachbarn oder der Nachbar selbst, und die Puppe in Gestalt des Paladins Roland war Roland persönlich.

Die perforierten Musikscheiben haben Ähnlichkeit mit Lochplatten, und man begreift in diesem barocken Palast, wie unsinnig es ist, in der Technik und in den Computern das Ende der Poesie zu sehen. Hier spürt man, dass Technik soviel ist wie die Klugheit der Hand, der Zauber der Zahl, die Vertrautheit mit den Dingen und den verborgenen Beziehungen zwischen ihnen, die Fähigkeit, sie zum Sprechen, Spielen und Klingen zu bringen, die Fähigkeit, sie zu veranlassen, uns Mozarts Musik zu schenken, die jetzt in diesem alten Salon ertönt. Es ist keineswegs gesagt, dass die Automaten zwangsläufig Teufelswerk sind; manchmal wurden sie von einem Heiligen gebaut, wie etwa dem heiligen Albertus Magnus.

Im Museum des Grafen steht auch ein Phonograph von Edison, der das Aus für diese Musikapparate bedeutete. Doch Grammophon, Schallplatte und Musikkassette können lediglich bereits gespielte und aufgenommene Musik wiedergeben, erläutert der Graf stolz, während die *Automaten*, die er in Bewegung setzt, wirklich spielen, jedesmal aufs neue, so als nähme jemand Geige und Bogen zur Hand. Natürlich hat Graf Gerersdorfer nicht besonders viel für Edison übrig, auch wenn er eine respektvolle Zurückhaltung wahrt. Ein Aristokrat hat das Recht, die Vergangenheit vorzuziehen. An der Wand hängt ein Porträt, das ihm wie aus dem Gesicht geschnitten ist. Jemand von uns fragt ihn unbedachterweise, ob er das sei. Entrüstet richtet er sich auf und verneint mit würdevollen Gesten: »Wie kommen Sie denn darauf? Nie würde ich ein Porträt von mir in einem Raum aufhängen, in dem ich Besucher empfange ...«

2. Der 1876 angelegte Zentralfriedhof von Mirogoj ist »monumental« im wahrsten Sinne des Wortes: die beruhigende, mütterliche Stattlichkeit der Kuppeln, die an den gastfreundlichen Schutz eines Schoßes erinnern; die Würde der Grabstätten und Kapellen; die Festigkeit der Säulen, die dem Tod eine kompakte Ordnung entgegensetzen; die Gräber, die mit vielen berühmten Namen eine Zusammen-

fassung der kroatischen Geschichte geben und einer epischen Beständigkeit gegen Vernichtung und Vergessenheit Nachdruck verleihen; die Skulpturen und Statuen, die die Form über das Formlose und über den Verfall stellen; dazu Bäume und Erde. Hier tritt der Tod noch klassisch in Erscheinung, als Moment des Zyklus der Generationen.

Dagegen scheint das große, 1985 erbaute Krematorium zu einer Welt zu gehören, die es noch nicht gibt, zu einer außerirdischen, fremden Zukunft, wie die Science-fiction-Literatur sie sich ausdenkt. Die sterilen, geometrischen Gebäude simulieren andeutungsweise einen Friedhof, sie spielen in einer sofort wieder unterbrochenen Stilisierung vage auf die traditionellen Formen eines Glockenturms, einer Orgel oder einer Glocke an; der Raum, in dem die Beisetzung stattfindet – der Sarg wird automatisch von einer Öffnung im Boden verschlungen –, ist so etwas wie eine Kapelle, doch er ist keine Kapelle, weder eine geistliche noch eine weltliche. Der ganze Komplex erinnert an eine Sternwarte, an ein modellhaftes Gefängnis, an eine Raumstation – hier fällt es schwerer, sich vorzustellen, dass die Urnen die Gemüter an Erhabenes gemahnen, man stirbt hier eher wie in *Tod in Hollywood* als wie in *Krieg und Frieden*.

Das Krematorium wirkt wie die Endstation eines irrealen, abstrakten Lebens, wie es uns von vielen Propheten der Zukunft gepredigt wird, eines Lebens, in dem es nichts Greifbares mehr gibt, keine Farben oder Handlungen, sondern nur noch deren Simulation, die Fernsehsendung über das Meer statt der Welle und des Salzwassers im Mund, die

Urlaubsphotos ohne den Urlaub, Sexualwissenschaft statt Sex. Es mag sein, dass dieses Krematorium mit seiner gebieterischen Wucht eine geniale Vorwegnahme der Zukunft ist. Ich weiß nicht, ob die Zukunft solche Formen haben wird, und ich glaube, heutzutage ist es nötiger, dass wir uns fragen, ob wir überhaupt eine Zukunft haben, und dass wir jedenfalls versuchen, eine zu haben, als dass wir herumrätseln, wie sie aussehen wird. Vielleicht entspricht dieses Krematorium, das kaum an einen Friedhof erinnert – egal, ob für Erd- oder für Feuerbestattungen –, genau der grotesken, absurden Undenkbarkeit des Todes, den es so tüchtig zu verdrängen sucht. Ich verstehe jedoch, warum eine Freundin in unserer Nähe flüstert, dass sie hier noch nicht einmal begraben sein möchte.

3. Im Sitz des kroatischen Schriftstellerverbandes wird die Übersetzung von Marisa Madieris Buch *Wassergrün* vorgestellt, in dem es unter anderem um die Flucht zahlreicher Italiener aus Istrien, Fiume und Dalmatien am Ende des Zweiten Weltkriegs geht. Dieses Thema, das heikel sein könnte, wird mit großer Noblesse und Aufgeschlossenheit behandelt, mit einer offenen Diskussion über gegenseitiges Unrecht und über gemeinsame Tragödien. In der kroatischen Kultur – einer reichen, profunden und europäisch gefärbten Kultur – gibt es eine interessante Wiederbesinnung auf die italienische, venetische Komponente in der adriatischen Zivilisation – vielleicht um dem in Kroatien ebenfalls vorhandenen heftigen Nationalismus entgegenzuwirken –, etwas wie den Wunsch, in einem übernatio-

nalen Dialog gemeinsame Ursprünge wiederzuentdecken; man publiziert (um nur einige Beispiele zu nennen) Romane, die sich mit dem Exodus der Italiener aus Istrien beschäftigen – wie etwa ein Buch von Milan Rakovac, ein linguistisches Pastiche, das bereits im Titel venetische Elemente trägt – oder mit der Begegnung von Italienern und Slawen, wie der Roman von Nedjeljko Fabrio, der in der heterogenen Welt von Fiume angesiedelt ist.

Im Saal befindet sich auch ein sympathischer Herr in fortgeschrittenem Alter, eher klein und stämmig und mit einem zurückhaltenden, freundlichen Auftreten. Seine gutmütigen, ruhigen Augen haben dem Leviathan ins Gesicht geschaut, ohne die Fassung zu verlieren. Es ist Karlo Stajner. Stajner, ein gebürtiger Österreicher, der seit seiner Jugend in der Kommunistischen Partei Jugoslawiens aktiv war, wurde 1936 von Stalins Polizei in der UdSSR verhaftet und verschwand in einem Gulag. Nachdem er 1956 von Chruschtschow rehabilitiert und wieder auf freien Fuß gesetzt worden war, schrieb er das Buch *Siebentausend Tage in Sibirien*, ein großes, episches Zeugnis dieser Hölle, vom Alptraum der allumfassenden Denunziation bis zu den Kerkern der Geheimpolizei NKDW, von den Verhören bis zu den Foltern und zur eisigen Kälte im sibirischen Lager. Stajner wollte dieses Buch nach seiner Heimkehr nicht ohne die Zustimmung der Kommunistischen Partei Jugoslawiens veröffentlichen; er hat überlebt, so sagte er, um über die Stalinsche Schreckensherrschaft zu berichten, doch er wollte dem Kommunismus nicht schaden, an den er glaubte.

Schaut man diesen Mann an, begreift man, dass der Glaube wirklich Berge versetzen kann; in Sibirien zu überleben war nicht weniger schwer, als einen Berg zu versetzen. Diese grauenvolle, schonungslos geschilderte Erfahrung hat seine Seele nicht deformiert, hat – wie es der serbische Schriftsteller Danilo Kiš formulierte – keine Narben in seinem Herzen hinterlassen. Stajner wird von seiner Frau Sonia begleitet, einer freundlichen, schüchternen Russin. Sie hat zwanzig Jahre auf ihn gewartet, in einer Zeit, als alles darauf hindeutete, dass er niemals wiederkehren würde, als es schrecklich war, die solidarische Frau eines Mannes zu sein, der des Verrats bezichtigt wurde. Ich sehe diese kleine, widerspenstige Frau an und begreife, dass es wirklich Helden geben kann.
Die von Karlo und Sonia bewältigten zwanzig Jahre sind ein großes Epos. Inzwischen geht die Abendveranstaltung zu Ende, und nachdem der Vorsitzende sich bei allen bedankt hat, begrüßt er Stajner öffentlich. Alle spenden Beifall. Stajner, der schlecht hört, nimmt an, man applaudiere immer noch der Schriftstellerin, und klatscht ebenfalls. All das Leid hat ihm nicht die Lust genommen, an der Freude und am Vergnügen anderer Menschen teilzuhaben.

2. Dezember 1987

Cici und Ciribiri

1. »Cicio no xe per barca«, sagt ein altes Triestiner Sprichwort, die Cici sind nicht für die Seefahrt geboren. Offensichtlich waren die vor Jahrhunderten aus Rumänien eingewanderten Hirten und Köhler, die sich im Binnenland Istriens ansiedelten, nicht mit dem Meer vertraut, da sie für die venetischen Bewohner der Küste und der istrischen Städte der Inbegriff für das Misstrauen der Leute vom Festland gegen die unheimliche See geblieben sind; festgehalten wird das in dieser Redensart, die in Triest noch heute ganz allgemein die Untauglichkeit eines Menschen auf einem beliebigen Gebiet bezeichnet, also für etwas, wofür er einfach nicht geschaffen ist. Dafür haben die Cici – oder Cicci – in ihren Tälern und auf ihren Hochebenen jedoch beharrlich ihre Sprache, das Istrorumänische, und ihre Identität bewahrt, die auf dem untreuen, großmütigen Meer allzuleicht erhöht wird und verlorengeht.

Die Cici sind wahrscheinlich die kleinste Minderheit in Europa, falls man sie überhaupt als Minderheit betrachten kann; im vergangenen Jahrhundert waren sie noch einige Tausend; 1991, bei der letzten Volkszählung, bezeichneten sich achthundertundzehn Personen als Istrorumänen und zweiundzwanzig als Morlaken. Vielleicht gibt es noch mehr, wenn man die dazuzählt, die ausgewandert sind, erklären die Vertreter der Assoziation »Andrei Glavina«, die sich vor kurzem in Triest gebildet hat, um diese kleine Volksgruppe vor der Vergessenheit zu bewahren; es könnten aber auch weniger sein, weil viele, besonders Jugendliche, sich auch als Kroaten oder Italiener fühlen und für ihre Kultur eher die liebevolle *pietas* empfinden, die man für alte Familientraditionen hegt, als ein Gefühl nationaler Zugehörigkeit. Das Leben ist zäh, und in Briani (auf kroatisch: Brdo), einem kleinen Dorf in der Nähe von Albona, wo man früher – wie man mir in einem Nachbardorf stolz erzählt – bis zu vierzig Einsegnungen im Jahr feierte, gibt es heute noch zwei oder drei Leute, die istrorumänisch sprechen. »Tanzt, meine Beine, denn morgen wird es zu spät sein«, heißt es in einem *bugarenje*, einem alten Volkslied für eine oder mehrere Stimmen, das man bis vor wenigen Jahren in Seiane (kroatisch: Žejane, istrorumänisch: Jejani) sang, in einem der beiden Dörfer, in denen die Cici standhalten und noch immer leben.

2. Die Cici sind ein kleiner Mosaikstein in dem istrischen Konglomerat vor allem italienischer und slawischer Prägung, zu dem jedoch auch andere Minderheiten gehören und das unter dem Regime der Faschisten und unter dem von Tito den Versuchen ethnischer »Säuberungen« ausgesetzt war und es heute unter dem Regime von Tudjman wieder ist. Die Cici, ursprünglich walachische Flüchtlinge, kamen vor allem im 15. Jahrhundert nach Istrien (vereinzelt gibt es auch ältere Ansiedlungen). Sie flohen vor den vorrückenden Osmanen und wurden von der Republik Venedig und den Habsburgern aufgenommen, die die von Invasionen und Pestepidemien verwüsteten Gebiete wieder

bevölkern wollten. Mit dem Begriff *vlahi* werden im allgemeinen die Volksgruppen latinischer Herkunft auf der Balkanhalbinsel bezeichnet, die wiederum verschiedene Untergruppen bilden, wie etwa die der Morlaken; mit der slawischen Mehrheit vermischte Rumänen finden sich auch bei den Uskoken, den grausamen Piraten von der dalmatinischen Küste, die Venedig, den Osmanen und dem Haus Österreich, von dem sie sogar auf die Serenissima gehetzt wurden, reichlich zu schaffen machten.

Die bescheideneren Hirten der Cici siedelten sich im Norden und im Osten des Monte Maggiore an und drangen, wie der Unbeschuhte Karmeliter und Geschichtsschreiber Ireneo della Croce im 17. Jahrhundert bezeugte, bis an den Rand von Triest vor. Neben dem Arumänischen Mazedoniens, dem Meglenorumänischen von Thessaloniki und dem Dakorumänischen des eigentlichen Rumäniens bildet das standhaft über die Jahrhunderte bewahrte Istrorumänische eine der vier Gruppen der rumänischen Sprache.

Die Ciceria – oder Cicciaria – besteht aus zwei Enklaven: Seiane (mit dem nahe gelegenen Mune) und einige Dörfer auf der anderen Seite des Monte Maggiore, darunter vor allem Valdarsa (kroatisch: Susnjevica, istrorumänisch: Susnjevita) und Villanova d'Arsa (Nova Vas, Noselo), wo die Cici den Namen Ciribiri erhalten haben.

Die alten Chroniken beschreiben sie als hochgewachsen und stark, als scharfsinnig, rauflustig, fleißig, zuverlässig, gleichgültig gegenüber Schmerz und Tod, zerlumpt, daran gewöhnt, bei Handelsgeschäften mit den Fingern zu rechnen, und zu jenen Straßenräubereien neigend, die Marschall Marmont, den Gouverneur der Illyrischen Provinzen während der kurzen Napoleonischen Zeit, zu harten Edikten und Repressionen veranlassten. Die traditionellen Berufe der Cici waren der Handel mit Essig, den sie, ausgestattet mit einem Patent von Maria Theresia, bis nach Wien verkauften, der Transport von Salz, der Schmuggel – als ihr Gebiet sich an der Grenze zwischen Österreich und der Serenissima befand – und besonders der Verkauf von Holzkohle, die sie auf den Rücken von Eseln nach Triest brachten, wobei sie, wie Tatiana Silla sich erinnert, auf den Straßen »Carbuna, carbuna!« riefen.

Obwohl sie jahrhundertelang keine Bildungseinrichtung besaßen, keine Schulen, keine offizielle Anerkennung und keine schriftliche Literatur und sich leicht den viel zahlreicheren Kroaten und Italienern assimilierten, haben sich die Cici durch ihre Sprache dennoch behauptet, die für bedeutende Linguisten wie Cattaneo, Ascoli und Bartoli ebenso von Interesse war wie für hervorragende rumänische Gelehrte. Emil Petru Ratiu, der Vorsitzende der Assoziation »Glavina«, erzählt, dass der Triestiner Historiker Pietro Kandler im 19. Jahrhundert vor der gelehrten »Società di Minerva« in der Tracht der Cici erschien, um auf ihre vernachlässigte Kultur aufmerksam zu machen; 1887 wandten sich die Cici an die Italiener in Istrien, die wie sie Untertanen des Habsburgerreiches waren, und baten sie um Unterstützung. Eine istrorumänische Schule existierte nur von 1921 bis 1925 in Valdarsa. Sie wurde von dem Lehrer Glavina geleitet, dem Verfasser des ersten auf istrorumänisch geschriebenen Buches, eines Almanachs,

und nach seinem Tod geschlossen, weil es keine anderen Lehrer gab.
In der Geschichte der Cici, zumindest in der jüngsten Geschichte, spielt sich alles zwischen wenigen Leuten ab, die sich persönlich kennen und sich regelmäßig im Wirtshaus oder in einem Laden treffen; es ist eine Geschichte, in der Entwicklungsprozesse mit bloßem Auge zu erkennen sind und in der die Familiengeschichten noch nicht zur Soziologie geworden sind. Die Trockenlegung des Lago di Arsa, die der italienische Staat 1932 veranlasst hatte, verbesserte die Lebensbedingungen und zog Menschen von außerhalb an, so dass sich das ethnische Gesicht Valdarsas veränderte; nach dem Zweiten Weltkrieg wanderten viele Cici nach Amerika aus, wo das Istrorumänische noch heute die Muttersprache ihrer Nachfahren ist. In den dreißiger Jahren, so berichtet Ervino Curtis, schickte man zwei Jungen nach Rumänien, einen Cicio aus Seiane und einen Ciribiro aus Valdarsa, die sich mit der Mutterkultur vollsaugen sollten, um sie dann in ihre kleine Heimat zu tragen. Ich weiß nicht, was aus den beiden Kindern geworden ist, doch ihr Los erinnert an das traurige Schicksal der zwei Jungen Aotourou und Omai aus Tahiti, die zur Zeit der Fahrten von Kapitän Cook nach Paris und London gebracht worden waren. Heute besinnt man sich dank der schon erwähnten Assoziation »Andrei Glavina«, des in Valdarsa gegründeten *Sabor* (Versammlung) und weiterer Initiativen wieder auf die istrorumänische Identität. Da Cici und Ciribiri von Haus aus dreisprachig sind, erklärt Fulvio Di Gregorio, der Gründer der Assoziation, wirken sie wie ein

symbolisches Konzentrat des istrischen Sammelbeckens, das sich nicht auf eine Nationalität reduzieren lässt.

3. Ich bin in Seiane. Ein gelehrter Mitbürger von mir, Prof. Dr. Ugo G. Vram, bereiste im Auftrag der Adriatischen Gesellschaft für Naturwissenschaften 1904 diese Gebiete, um die Schädel- und Gesichtsmaße der Cici zu ermitteln und zu dem Schluss zu kommen, dass sie zur brachyzephal-chamäprosopischen Kategorie gehören, nachdem er den kleinsten Schädeldurchmesser der Erwachsenen gemessen und Tabellen zu »ellipsoiden, sphenoiden, sphäroidischen, ovoidischen« Köpfen angelegt hatte, sowie zu »quadratischen, pentagonalen und triangulären« Gesichtern und zu konkaven und konvexen Nasen. Auf den Photographien, die seine Untersuchungen belegen, lächeln die so ausgemessenen Gesichter zurückhaltend und freundlich.
Ich kann nur hoffen, dass die Leute von Seiane nicht soviel Geduld mit mir hätten, wenn ich mit Schädelmessungsabsichten zu ihnen käme. Im Herbstnebel wirkt das Dorf halb verlassen, auf den Straßen treiben sich ein paar Hunde und Ziegen herum, Stallgeruch liegt in der Luft. Der Horizont ist eine kahle, goldene Landschaft, gefleckt vom Schwarz der Tannen und vom Blutrot der Essigbäume. Im einzigen Lokal, dem »Bife Tina«, plaudern ein paar Gäste, wobei sie Istrorumänisch und Kroatisch vermischen. Auf italienisch erzählen sie mir von den *zvončari*, den Musikanten, die zum Karneval mit einer Papierblume auf dem Kopf in buntgestreiften Kleidern und mit Schellen um die Taille

umherziehen, die durch die rhythmischen Körperbewegungen zum Läuten gebracht werden. Die an Worten und Literatur zwar armen Cici (Fabeln, Volkslieder, Kalender) hatten jedoch uralte Tänze und Musikinstrumente heidnischen Ursprungs: Franco Juri Sanković erinnert an die zweisaitige *cindra*, an den istrischen Dudelsack *mih* oder *meh* und an Doppelflöten wie *dvojnice* und *vidalice*.

Der Karneval beginnt am 6. Januar und dauert mehrere Wochen; die große Vorliebe für Feste ist um so stärker, je weniger es zu feiern gibt. Die Häuser und Straßen vermitteln den Eindruck von Einsamkeit, eines Lebens, das woanders hingegangen ist, einer Kultur, die vielleicht vor allem in der Emigration in Übersee lebt, in einem Menschen, der in New York mit amerikanischem Akzent die Sprache eines Landstrichs spricht, den er nie gesehen hat, in den Versen von Ezio Bortul – dem vielleicht einzigen istrorumänischen Dichter –, die die weit umherschweifenden *vlahi* besingen. Doch Tina, die schöne junge Wirtin des Bife, die als Kroatin in eine istrorumänische Familie eingeheiratet hat, erzählt, dass sie froh sei, in Seiane zu wohnen; in ihrer Rede wird das Dorf zu einem Ort des Lebens und nicht des Niedergangs, wie immer, wenn ein freier, unbefangener Mensch mit seiner Umgebung zufrieden ist, weil er den Dingen einen Sinn gibt und so selbst den kleinsten Ort in einen Schauplatz der Welt verwandelt.

4. Ich bin in Susnjevica, Valdarsa, bei den Ciribiri. Auf Reisen ist das erste Personalpronomen unscharf, es reduziert sich nahezu ganz auf eine grammatische Gepflogen-

heit. Wer reist da eigentlich? Das Ich des Reisenden ist wenig mehr als ein Blick, eine Hohlform, in die die Realität gegossen wird, ein Gefäß, das sich von den Dingen füllen lässt und ihnen – mit seinen Abneigungen, seinen Sehnsüchten und seinen Ängsten – bestenfalls eine Form gibt, so wie ein Gefäß dem Wasser, das es enthält, eine Form gibt. Wenn die Literatur, wie es seit langem heißt, auf den stereotypen Strohmann des in sich geschlossenen, einheitlichen Ichs besser verzichten sollte, das die Unterhaltungsromane, selbst anspruchsvolle, vergeblich wiederaufleben lassen, so ist wohl der Reisebericht die geeignetste Erzählform für eine Kultur, in der das Ich – der literarischen Gestalt und des Autors – ein Provisorium ist, ein schwankender Schnittpunkt von Ereignissen und Eindrücken, ein von einer verflüchtigten Tradition und Geschichte zurückgelassenes Sediment.

Valdarsa liegt in der Nähe des Staudamms und der Bergwerke der Arsa. Viele Häuser sind baufällig und abgesperrt, von den ehemals vierhundert Einwohnern sind etwa siebzig geblieben; ein Greis auf der Straße erinnert sich, doch ohne jede Sentimentalität, dass es hier früher vier Kneipen gegeben hat, zwei Schmieden, ein Kinderheim, einen Schuster, einen Bäcker und die Dienststelle der Carabinieri, während heute nur ein plumpes, rötliches Gebäude die Gemeindeverwaltung, den Lebensmittelladen und die Post beherbergt. Vor fünf Jahren kam das Telephon, 1967 elektrisches Licht und 1984 fließendes Wasser ins Haus. Wenige Kilometer entfernt und mit bloßem Auge zwischen den allmählich zum Meer hin abfallenden Bergen zu erkennen steht das umstrittene Kohlekraftwerk von Fianona. Früher gingen die Männer jeden Tag zu Fuß zur Arbeit in die Minen an der Arsa, förderten Kohle oder schmuggelten Tabak über den Berg. Die Frauen arbeiteten als Kindermädchen bei den reichen Deutschen, die im nahe gelegenen Abbazia ihre Ferien am Meer verbrachten; andere Familien verdienten sich im 19. Jahrhundert etwas Geld damit, dass sie die Kinder aufzogen, die der rumänische Gelehrte Ioan Maiorescu als »die Früchte der Sünden der Triestiner Plutokraten« bezeichnete.

Hier steht mit ihren verwaisten Klassenräumen auch die Schule des Lehrers Glavina; zwischen Kastanienbäumen, Pinien, Zypressen und einigen Palmen die verlassenen Häuser von Menschen, die feststellen mussten, dass es mehr kostete, den Boden zu bestellen, als man mit dem Verkauf der Ernte verdiente; von einer Familie sind nur drei Personen dageblieben, während dreiundvierzig in Amerika sind. Einige zum Trocknen aufgehängte Unterhosen sind ein Zeichen von Leben; an der Wand eines einsturzgefährdeten Hauses kaschiert eine rote Kletterrose seine Hinfälligkeit, als könnte, wie der barocke Autor Torquato Accetto schrieb, die Schönheit ihrer Farbe vergessen machen, dass sie und die Dinge ringsumher sterblich sind. Jemand kramt alte Geschichten hervor, von den Deutschen, die das Pfarrhaus und das Gemeindeamt mit sämtlichen Dokumenten niedergebrannt haben, und von zwei steinreichen, geizigen, alten Schwestern, die in einem Haus mit kaputtem Strohdach wohnten, haufenweise Geld unter ihrem Strohlager verwahrten, den Arbeitern nichts zu essen gaben und

schließlich im Armenhaus landeten, weil das Geld verfault war oder, wie kirchenfeindliche böse Zungen behaupten, von der Kirche eingestrichen worden war.
Der Friedhof mit der Kirche Spirito Santo, die von einem aus Ragusa stammenden Maler namens Biagio mit Fresken geschmückt wurde, liegt ganz in der Nähe, Grabsteine, dazu der Blick auf einen dicht mit Wacholder bewachsenen Hügel, hinter dem früher der Lago d'Arsa lag. Der leere Platz, den der trockengelegte See hinterlassen hat, ist, wie man sich erzählt, ein Versammlungsort für Hexen; eine Frau, die Brennesseln sammelte und auf den Stufen der Kirche schlief, hat sie oft gesehen. Einem alten Brauch folgend huben die Familien reihum die Gräber auf dem Friedhof aus. Doch in Valdarsa und dem benachbarten Villanova herrschen weder Tod noch Melancholie vor. Hier gibt es gepflegte Häuser voller Leben, die von aufgeschlossenen, liebenswürdigen Menschen bewohnt werden, lächelnde junge Gesichter, spielende Kinder, eine vornehme, herzliche Gastfreundschaft. An dem köstlich gedeckten Tisch wird italienisch, istrorumänisch und kroatisch gesprochen. Für diese unbefangenen, freien Menschen ist die istrorumänische Identität keine blinde Obsession, keine Reinheit, die vor jedem Kontakt geschützt werden muss, sondern ein zusätzlicher Reichtum, der unbeschwert neben der Verbundenheit mit Italien und neben der Zugehörigkeit zu Kroatien existiert. So müsste die Identität an der Grenze immer sein, eine Bereicherung des Menschen, doch statt dessen verschärfen gerade die Grenzen Abschottung, Trennung und Hass.

Vor der Abreise besuchen wir den Schmied Barba Frane, von dem es heißt, er besitze das einzige Buch dieser Gemeinde, eine Fibel. In seiner Werkstatt voller Werkzeug, das zwischen noch ungerösteten Maiskolben verstreut ist, haben schon sein Vater und sein Großvater gearbeitet; in seinem Haus mit dem Holzfußboden und den dicken Mauern lebte man nicht nur, sondern man wurde hier auch geboren, wie seine Großmutter, und man starb hier, wie sein Vater. Vor der Tür leben Kaninchen, Katzen und Hühner in friedlicher Eintracht zusammen.

In den Steinen seines Hauses sind Meeresfossilien eingefasst. Auch die istrorumänischen Wörter sind Fossilien, die man in dem andersartigen Mosaik, in dem sie enthalten sind, deutlich unterscheiden kann. »Die Agonie und der Tod der Dinge gehen Hand in Hand mit dem Vergessen des Wortes, das sie bezeichnet«, hat Gian Luigi Beccaria in seinem Buch *Nomi del mondo* geschrieben, diesem prächtigen Labyrinth der verlorenen Wörter und der darin begrabenen und wieder ausgegrabenen Geschichten. Frane, der hinkt wie die sagenumwobenen Schmiede von Hephaistos bis Wieland, verabschiedet sich lächelnd von uns: »Nichts auf der Welt steht jemals still.« Schwer zu erkennen, ob er das mit Bedauern oder mit Erleichterung sagt.

7. November 1995

In der Bisiacaria

1. Das Wort *bisiaco*, im Dialekt *bisiàc*, bedeutet soviel wie Flüchtling, Verbannter, doch seine Etymologie – übrigens eine oftmals Manipulationen ausgesetzte Wissenschaft – wurde verfälscht.

Zur Zeit der Faschisten, die sehr darauf bedacht waren, die Gegenwart und die Spuren anderer Volksgruppen und Nationalitäten, speziell der slawischen, in den Gebieten an der Ostgrenze Italiens in Abrede zu stellen, leitete die offizielle Etymologie, die noch heute gemeinhin als glaubwürdig gilt, dieses Wort vom lateinischen *bis aquae* ab, also von der Gegend um Monfalcone zwischen dem Timavo und dem unteren Isonzo. So wie der Lauf der Flüsse – auch der Isonzo hat über die Jahrhunderte seinen Weg geändert – ist jede Identität unbeständig, der Saum eines Strandes, der sich vorschiebt oder zurückweicht, eine Narbe in einem Gesicht. Auch *bislacco* – verschroben, sonderbar – das ein ehrenvolles und beneidenswertes Stammwort wäre, hält dem Meißel der Sprachforscher nicht stand. Wie Silvio Domini und Aldo Miniussi schreiben, geht der Ursprung des Wortes über das slowenische *bežati* – fliehen – auf das alte nordische Verb *baegia* zurück; die im 7. und 8. Jahrhundert an der Grenze vordringenden Slowenen nannten die zurückweichenden italischen Volksstämme *Beziaki*, so dass *bezjak* nun auch Verbannter bedeutete.

Das *bisiaco* – das die Slawen im Mittelalter als *vlahicum*,

neulateinisch, bezeichneten – ist vor allem eine Sprache; es ist ein Dialekt, der Giuseppe Francescato zufolge entstand, als das um Aquileia gesprochene Latein verschwand und sich aufspaltete: in den langobardischen Gebieten ins Friaulische und entlang des adriatischen Küstenstreifens ins Venetische (zu dem auch das *bisiaco* gehört). Heute wird es von etwa sechzigtausend Menschen gesprochen. Vor einigen Jahren rief der Entwurf eines nie verabschiedeten Gesetzes, dem gemäß auch in der Bisiacaria Friaulisch in den Schulen unterrichtet werden sollte, den Protest der Bisiachi hervor, da sie befürchteten, ihre jahrhundertealte Individualität könnte von der friaulischen, die weitaus größer und robuster war, absorbiert und ausgelöscht werden. Eine Ethnie, die sich behauptet, tut dies häufig auf Kosten einer schwächeren und negiert so das Prinzip, in dessen Namen sie gegen den stärkeren Staat oder gegen die stärkere Nation aufbegehrt, von dem oder der sie sich unterdrückt fühlt; die Geschichte ist wie ein schäumendes Aufbrodeln, in dem die aufsteigenden Bläschen sich gegenseitig zerstören und eines nach dem anderen zerplatzen.
Als Synonym für »Flüchtling« und für »Vertriebener« bezeichnete *bisiaco* in den vergangenen Jahrhunderten jemanden, der schlecht spricht und folglich schwer von Begriff ist, einen Dummen; wer unsere Sprache nicht spricht, ist, für jeden von uns, stets ein Barbar, so wie es schon bei den Griechen war. Ein Reisender, der auch immer ein wenig Nomade ist, fühlt sich leicht als Fremder, weil er die Sprache nicht gut versteht und auch die Gesten, die Empfindungen und die Götter der Leute nicht, so wie er

auch die Stimmen der Vögel nicht unterscheiden kann – auf der Insel Cona, an der Mündung des Isonzo, sind an einem einzigen Tag einhundert verschiedene Arten zu sehen – oder den Klang des Windes und die sich ankündigenden Wetteränderungen.

2. Die Reisestrecken in der Bisiacaria, von einem Dorf zum nächsten, sind eher kurz, einmal acht Kilometer, einmal zweieinhalb. Doch wie die Zeit zieht sich auch der Raum zusammen oder dehnt sich aus, je nachdem, was ihn füllt; er fällt zusammen oder bläht sich auf wie ein Luftballon, vergrößert die Entfernungen und die Dinge, verändert ihre Proportionen. Ein neugieriger, aufmerksamer Müßiggänger, der auf einem engbegrenzten Terrain umherstreift, ähnelt einem Photographen, der Bilder vergrößert, wobei er aus der Verschwommenheit immer neue Details zutage fördert und ineinander verschachtelte Welten entdeckt. Ein Sumpf auf der Insel Cona ist ein undifferenzierter Fleck, doch nach und nach entdeckt das Auge unzählige Realitäten und holt sie in den Vordergrund, das reglose Maul eines Frosches an der Wasseroberfläche, die Schnörkel einer dahingleitenden Natter, ohne dass zu erkennen ist, ob sie an der schlammigen Oberfläche schwimmt oder kriecht. Zwischen den Dingen tun sich Entfernungen auf, und ein Röhricht, das man mit von der großen Sommersonne geblendeten Augen lange betrachtet hat, durchläuft den gleichen Prozess wie ständig wiederholte Wörter, die schließlich ihren Sinn verlieren und andere werden, die Resonanzen anderer Bedeutungen.

Eine Reise ohne festgelegte Route und Ziele – denn eigentlich gibt es in der Bisiacaria kaum Sehenswürdigkeiten – ist eine Schule der Wahrnehmung, erklärt Paolo Bozzi geduldig, ein Meister dieses Fachs, das nicht lehrt, wie die Welt gemacht ist, sondern wie unsere Sinne sie erfassen. Wahrnehmen braucht Zeit, Langsamkeit, die Freiheit der Muße, die es erlaubt, vor der Wirkung einer Lichtbrechung oder vor einer fleischigen Oleanderblüte zu verweilen; es verlangt, dass man weder von Eile getrieben ist noch von einem zu erzielenden Ergebnis und man die Zeit vergeuden kann, sie verstreichen lassen oder sie wegwerfen kann wie die kaum gekostete Scheibe einer Wassermelone, die man achtlos fortwirft, denn Wassermelonen, schön rot und groß, gibt es noch mehr als genug, genug, dass man sich mit dem Saft, der durch die Zähne spritzt, das Hemd bekleckert.

Die Bisiacaria ist eine jener an unsere Alltagsrealität grenzenden Parallelwelten, an denen man immer wieder vorbeikommt, die man allerdings fast nie betritt, so wie auch manche Straßen der eigenen Stadt nicht oder manche Dörfer am Rand der Autobahn. Ich war häufig in der Nähe dieser Flussniederungen und Ebenen am Meer, durchquerte sie oder fuhr daran vorüber, doch ohne sie je wirklich zu sehen, sie zu berühren; Turriaco, San Pier d'Isonzo, Staranzano waren nichts weiter als Namen. Das Umherstreifen durch diese Gegend, durch diese Dörfer sucht keine Erinnerungen, keine Nostalgien, keine zarten, vorläufigen Reliquien des Ichs, sondern die Welt hinter der Hecke. Eigentlich sucht man hier gar nichts: Man lässt sich treiben wie ein Stück Holz in einem Wasserlauf.

3. Die erste Station ist Pieris. In der Kirche Sant'Andrea gibt es eine plumpe, doch wahrhaftige Via Crucis; die zu großen Köpfe und die Zehen haben die reizlose und entschiedene Deutlichkeit von Fleisch. Wir betreten in der Hitze einen Hof, auf dem unter üppig belaubten Kastanienbäumen Karten gespielt wird. Hier ist der Sitz der ARCI, der Associazione ricreativa comunista, des kommunistischen Freizeitzentrums, das gastfreundlich auch fremde Nichtmitglieder erquickt. Als wir hereinkommen, hört Margherita Bozzi jemanden an einem der Tische murmeln, dass »die da nicht unsere Genossen sind«. Für einen Moment ist uns unbehaglich zumute, ein Gefühl von unverdienter Diskriminierung, doch es tut auch gut, dieses Wort wiederzuhören und vor allem zu merken, dass es noch einen gesunden Instinkt der Arbeiterklasse gibt, der erkennt, wer wirklich ein Genosse ist. Unter diesen Kastanien hätten radikale Achtundsechziger und APO-Leute kein Glück, man hätte sie noch vor ihrem vorherbestimmten Schwenk nach rechts entlarvt.

In der Bisiacaria gibt es solide *Case del Popolo* – Häuser des Volkes –, Straßen, die nach Gramsci und nach Tina Modotti benannt sind, und Aushänge, die Partisanentreffen ankündigen. Die Bauern und Arbeiter aus Ronchi, besonders die von der Werft in Monfalcone, waren unter den Faschisten harten Repressalien ausgesetzt und leisteten ihnen erbittert Widerstand, der – vor allem dank der kommunistischen Organisation – nie ganz gebrochen wurde, wie bei einer Armee, die sich selbst in einer verlorenen Schlacht nicht auflöst. Größtenteils Arbeiter aus Monfalcone waren auch die zweitausend aktiven Kommunisten, die 1947 nach ihrer Heimkehr aus dem Partisanenkampf und teils auch aus dem spanischen Bürgerkrieg, aus den faschistischen Kerkern und aus den Konzentrationslagern der Deutschen freiwillig nach Jugoslawien gingen, um beim Aufbau des Sozialismus zu helfen, und die 1948, nach dem Bruch Titos mit Stalin, auf zwei Inseln in der Adria deportiert wurden und in zwei titoistischen Gulags schändliche Grausamkeiten erlitten, denen sie heroisch widerstanden, und dies im Namen Stalins, der für sie das Idealbild eines Revolutionärs war und der, wenn er gewonnen hätte, die ganze Welt in einen Gulag verwandelt hätte, in dem freie, stolze Menschen wie sie die ersten Opfer gewesen wären. Diejenigen, die Jahre später nach Italien zurückkehrten, wurden von der italienischen Polizei als Kommunisten schikaniert und von der Kommunistischen Partei boykottiert, für die sie unbequeme Zeugen der stalinistischen Politik der Partei waren, über die man gern Gras wachsen lassen wollte.

4. Obwohl Monfalcone mit seiner Geschichte und seiner Industrie das wichtigste Zentrum bleibt, ist die Hauptstadt der Bisiacaria vielleicht Ronchi. Dort wurde im September 1882 in einem alten Gasthaus Guglielmo Oberdan festgenommen, der ein Attentat auf Franz Joseph geplant und dabei im Sinn hatte, für die Italianità von Triest eher zu sterben als zu töten, was zum Symbol nicht nur für eine patriotische Haltung wurde, sondern auch für eine allzu erhabene Moral, die dazu neigte, sich und andere zu opfern.

Ernestina Pellegrini hat von einem »Oberdan-Komplex« der triestinischen Schriftsteller gesprochen, der sich – zu ihrem liebevollen Verdruss – auch bei denen findet, die sie deshalb am meisten liebt, weil sie sich selig dem Wasser der Donau und des Meeres hingeben können, dem Fluss des Lebens.

Am Haus Nummer 59–61 der Via D'Annunzio erinnert ein Schild daran, dass der Dichter hier am 12. September 1919 »durchdrungen von heroischer Leidenschaft und Willenskraft« dem »strahlenden Morgen« des Marsches seiner Legionäre auf Fiume entgegensah. In Ronchi erinnert man sich vielleicht lieber an andere Persönlichkeiten, von Franz Joseph, der dieses Dörfchen 1912 zur *borgata* erhob und die kaiserliche Urkunde auf italienisch unterschrieb, bis hin zu Maestro Rodolfo Kubik, halb Tscheche und halb Bisiaco, der sich 1926 weigerte, die von ihm dirigierte Stadtkapelle das Faschistenlied *Giovinezza* spielen zu lassen, und der als antifaschistischer Flüchtling in Argentinien General San Martin, den Libertador, mit einer Kantate ehrte. Ronchi hat D'Annunzio kein einziges Denkmal gesetzt, statt dessen errichteten, vielleicht als bösen Streich, die Einwohner Monfalcones ein solches nur wenige Schritte von dem Schloss entfernt, das die Grenze zwischen Ronchi und Monfalcone markiert.

»Quis contra nos«, steht auf dem Denkmal. Wenige Jahre später sollten einige ehemalige Legionäre aus Fiume, auch mit der Waffe in der Hand, auf sich gegenüberliegenden Barrikaden beim Zusammenstoß von Faschisten und Antifaschisten gegeneinander antreten; zwanzig Jahre darauf sollten einige von ihnen Helden der Resistenza werden, wie Ercole Miani, den die Nazis folterten, ohne dass es ihnen gelang, auch nur ein Wort aus ihm herauszubringen, und Gabriele Foschiatti, der in einem Konzentrationslager starb. In Fiume stürzte D'Annunzio das Restaurant »Lloyd« in den Ruin, das der Familie von Marisa gehörte und in dem die Legionäre – wie sie in *Wassergrün* erzählt – kostenlos speisen durften. Ein Photo zeigt ihn, lächelnd und unbestreitbar sympathisch, inmitten unserer ganzen begeisterten Verwandtschaft.

5. In Ronchi treffe ich mich mit Silvio Domini. Als Historiker, Sprachwissenschaftler und Verfasser zahlreicher Veröffentlichungen verschiedenster Art – so auch als Mitautor eines mächtigen *Phraseologischen Wörterbuchs des ›bisiàc‹-Dialekts* – weiß er alles über die Bisiacaria, doch er ist weit mehr als ein Gelehrter, denn seine von der Liebe zum Heimatort geprägten, präzisen Schriften, die frei von jeder partikularistischen Abschottung sind, zeugen von einem offenen Blick auf die Dinge; sie betten die Heimatliebe ein in ein Gefühl der Zugehörigkeit zu einer größeren nationalen Gemeinschaft und in den brüderlichen Dialog mit den anderen Kulturen, die zu dieser Grenzwelt gehören, wie etwa die slowenische. Domini ist in erster Linie ein waschechter, kraftvoller Poet des *bisiaco*; seine Verse drücken ohne jedes Lokalkolorit Leidenschaft und Melancholie aus, das Hinübergleiten in den Schatten, das Glühen des Essigbaums auf dem Karst, die Verwirrungen des Herzens, die schnell zu Sägespänen werden, den Tod, der unter dem weißen Flügel

der hoch oben fliegenden Vögel auf dem »verblassten, morschen« Boot, das ihn erwartet, leichter erscheint. Es ist gewiss kein Unglück, ein Dichter des *bisiaco* zu sein, das sechs verschiedene Bezeichnungen für die diversen Liebestriller des Finken kennt und für das der Schlaf feminin ist, wie es sich für seine stärkende, mütterliche Harmonie gehört. Ein Gedicht Dominis beschreibt eine der heftigsten (auch irrationalen, verheerenden) Leidenschaften im Leben, die zugleich die von der Literatur am häufigsten vernachlässigte ist, die Liebe der Eltern zu den Kindern – die Angst, wie er schreibt, seinen Kindern nicht das Rüstzeug mitgeben zu können, mit dem sie sicher durch die Wirren kommen, die auf sie warten.

6. Dicht beieinanderliegende Dörfer, von denen jedoch jedes unverwechselbar und nahezu einzigartig in der Ebene ist. In Turriaco bemängelt ein Barmann, bei dem sich Alberto Cavallari nach einem versierten Geigenbauer, dem verstorbenen Signor Clemente, erkundigt, die fehlende Strenge, mit der ich in einem Artikel für den *Corriere* über einige Badegäste geschrieben habe, die sich nicht um einen Toten kümmerten, der am Meer von Triest neben ihnen lag. In diesem kleinen Dorf schrieb Silvio Benco 1945, in der schrecklichen Zeit der Niederlage und der Gewalttätigkeiten der jugoslawischen Besatzer gegen die Italiener, ein tieftrauriges Pamphlet, *Contemplazione del disordine*, eine Betrachtung der Unordnung, in dem das ganze Jahrhundert und seine Kultur in Dekadenz und Chaos zu führen schien. Dieser hochherzige, verfehlte Essay zeigt den Schmerz ei-

nes Mannes, der seine Welt untergehen sieht und das mit dem Untergang der ganzen Welt verwechselt; man müsste jedoch, wie Evelyne Pieiller, stets sagen können: »Das ist nicht das Ende der Welt, es ist nur das Ende unserer Welt.« Doch der Schmerz ist ein schlechter Ratgeber, er trübt den Blick, und es ist leicht und ungerecht, seine Voreingenommenheit zu kritisieren: Um ihm Gerechtigkeit widerfahren zu lassen, muss man sich in ihn hineinversetzen, muss man zusammen mit dem Leidenden den Gesamtüberblick über die Realität verlieren, der zwar auf das rechte Maß zurückführt, jedoch auch den Schmerz vergessen macht, muss man diese tiefgreifende Lebenserfahrung, diesen Augenblick, in dem nur noch der Schmerz existiert, ganz und gar durchleben.

In San Canzian d'Isonzo rät uns eine Passantin energisch vom Besuch der Kirche San Proto ab, in der der Sarkophag des heiligen Grisogono steht, eines Märtyrers, der in der Überlieferung auf verschiedene Weise bestattet wurde – auch auf See – und der vermutlich ein Vorfahre von mir ist, gehört er doch zu meiner Familie mütterlicherseits, von der Giorgio Pressburger anhand der Geschichte ihres Palazzos in Split ein literarisches Porträt schuf.

In San Pier d'Isonzo, wo wir uns zunächst einer alten Dame fügten, die uns auf der Straße anhielt, um sich mit uns photographieren zu lassen, machen wir uns auf die Suche nach Giuseppe Ermacora, der unter dem Namen Pino Scarel Gedichte schreibt. Da er taub ist, müssen wir lange klingeln, bis er uns öffnet, nachdem er sich ein Hemd und Knieschützer aus Wolle übergezogen hat. Er ist ein alter Mann

und hat sein Leben lang auf der Werft und als Maurer gearbeitet; er hat einige schmale Bändchen veröffentlicht, auch an der Kirchentür und an der Wand eines Vereins hängen Gedichte von ihm. Er ist erfreut, doch macht ihn das Interesse der Fremden weder stolz noch schüchtern; er zeigt uns seine Gedichte mit vollkommener Natürlichkeit, so wie er den Rosmarin vor dem Haus zeigt oder wie ein Tischler das Möbelstück vorzeigt, das er soeben fertiggestellt hat. In seinen Gedichten finden sich starke, leise Bilder, die wie von guten Händen geformte Dinge hervortreten. »Fogo al veciun«, »Ins Feuer mit allem Alten«, heißt eines seiner Gedichte; das welke Gras, das verbrannt wird, ist auch das Alter. Doch er erzählt uns, dass seine über neunzigjährige Großmutter zwar über ihre Gebrechen klagte, doch auch hinzufügte, es sei besser, hier unten zu bleiben, »weil es immer etwas zu sehen gibt«; sie nahm das Leben, zu Recht, wie einen Kinofilm. Der Tod, schreibt Paola Cosolo Marangon in ihrer eindringlichen *Storia di Rosa*, die im Isonzo-Tal spielt, existiert nur für den, der an ihn glaubt.
»Tempo de soto«, »Wetter von unten«, sagte man früher, wenn der Duft des Meeres und des Sommers in diese Gegend kam, die Zeit des Eros. Benito Nonino erinnert sich noch, wie er als Kind von einer Frau aus der Bisiacaria sprechen hörte, die einfach »die Geliebte« war, ohne dass erklärt wurde, von wem – es will schon etwas heißen, wenn man von jemandem sagen kann, er sei schlichtweg ein Geliebter, und dies sein Hauptmerkmal ist. Das Meer ist nahe, es vermischt sich mit dem Süßwasser des Flusses und der Sümpfe. Der Strand von Staranzano ist mit trockenem

Schlick bedeckt, das Wasser ist sehr flach, dicke Fische schwimmen zwischen unseren Beinen, eine Krabbe, die wir in die Hand nehmen, bewegt ihre Scheren und verschwindet im Sand, sobald sie wieder auf den Boden gesetzt wird. Viele große Häuser, wie früher gebaut und wunderschön, sind Schwarzbauten und der Anlass eines erbitterten Streits zwischen denen, die die traditionelle Landschaft verteidigen, und denen, die das Gesetz hüten. Hier verlief in der Antike die Bernsteinstraße. Der Schlick bricht unter den Füßen auf, Algen und leere Muschelschalen modern in der Sonne, der Nachmittag ist weit vorgerückt. »Eusebios altert in Würde«, sagt die lateinische Inschrift, die nicht weit von hier auf der Urne einer vornehmen römischen Familie entdeckt wurde.

7. Die Sprachgrenzen sind nicht wahrnehmbar, sie erfordern ein besonderes Ohr. Carlo Luigi Bozzi konnte das langsame Skandieren der Bewohner von Sagrado vom knappen, schnellen Rhythmus der Leute aus Fogliano unterscheiden, seinem benachbarten Geburtsort. Der Historiker, Erzieher und Dichter lebt in zwei Straßen, einer Schule und einem Grabstein fort, die seinen Namen tragen, sowie in zahlreichen gelehrten Büchern und in seiner Dichtung. Diese ist unauflöslich mit dem *bisiaco*-Dialekt verschmolzen, aus dem jede mundartliche Folklore entfernt wurde, so dass er zu einer Ausdrucksform der Welt wurde. In seinen Versen geht es um Fogliano mit seinen Kirchen, den Berg, die »lustigen Saufkumpane«, die düsteren Existenzen, die zwischen Kirche und Gasthaus zugebracht wer-

den. Zur Gemeinde Fogliano gehört auch Redipuglia, die große Gedenkstätte für die gefallenen Soldaten; das Heilige ist das Gefühl der Gleichheit aller Menschen vor dem Tod, jeder – auch wenn er einen Namen hat – ist ein unbekannter Soldat.

Ganz in der Nähe Sagrado, dessen Zugehörigkeit zur Bisiacaria umstritten ist. Klein, doch mit einer städtischen Note, Palazzi in respektablem Alter und Dekor, leuchtende Farben von Blumen; der Schauplatz von Schlachten, von der Überquerung des Flusses. Über diese Brücke am Isonzo fuhr Anfang Juni 1882 der Leichenwagen von Angelo Musmezzi, des steinreichen »Piraten«, der zur Zeit der griechisch-türkischen Kriege abenteuerlustig auf den Meeren kreuzte; er wurde nicht von Kirchenliedern begleitet, sondern von dem Lied – die Chroniken sprechen von einem »Gegröle« – der Bocciaspieler. Auf dem Marktplatz gab es, wie sich Paolo Bozzi erinnert, in seiner Kindheit einen Brunnen mit Wasserrad, und die Kinder waren sich einig, wie sein Raunen zu deuten sei; das Knarren, das das Rad beim Aufsteigen verursachte, sagte: »Mein Schatz«, und der Kolben ergänzte beim Hinabtauchen ins Wasser: »Bist du.« – »Mein Schatz – bist du; mein Schatz – bist du.«

Wir gehen zum Kiesbett des Isonzo hinunter. Entwurzelte, morsche Stämme liegen zwischen den Steinen, das Wasser glitzert, das Himmelsgold, die Farbe dieser Jahreszeit, wird langsam braun, wie ein großes Herbstblatt. Hier und da umherstreifen, im Wasser planschen, sich auf den Steinen ausstrecken und sich, wie in den Kindheitsträumen, eine plötzliche, reißende Überschwemmung vorstellen.

Das breite Flussbett ist fast leer, doch in dieser Leere bemerkt man Lichtreflexe, Echos, Laute, Rauschen, Fließen, Vogelkreischen. Heute fällt es mir etwas schwerer, all das wahrzunehmen und zu unterscheiden, Nuancen zu erkennen, Veränderungen und Verfärbungen, war ich doch daran gewöhnt, die Wirklichkeit nicht nur mit meinen Augen zu sehen, sondern auch und vor allem mit denen von Marisa, die, um vieles aufmerksamer, scharfsichtiger und liebevoller, fähig waren, die Dinge zu erfassen. Eine Ehe, ein geteiltes Leben, kann, zum großen Teil, auch das sein, gemeinsam durch die Welt gehen und jenes alles oder nichts betrachten, das es zu sehen gibt. Die Sonne berührt die Ebene fast, scharlachrot und riesig. Wenn sie tief am Horizont steht, erscheint sie dem menschlichen Auge viel größer, als wenn sie im Zenit oder zumindest hoch am Himmel steht. Die Experimente des großen Wiener Psychologen von Allesch, einem Freund Musils, haben ergeben, dass es für die Lemuren offenbar umgekehrt ist. Doch wie dem auch sei, sie ist jetzt wirklich groß, glühend. »Al'ros / de na zornada finida«, heißt es in einem Gedicht von Domini, das Rot eines beendeten Tages.

21. September 1997

Das Land ohne Namen

1. Es ist kurios, sich in einem Land aufzuhalten, das zwar reich an einer jahrhundertealten Geschichte und Kultur ist, doch seit einigen Wochen keinen präzisen Namen hat. Nach der Abtrennung der Slowakei ist Prag nun die Hauptstadt der Tschechischen Republik, eines Staates, der nach einer Bezeichnung für sich sucht, nach einem Wort, das man auf die Landkarten schreibt und das man im täglichen Sprachgebrauch verwendet. Natürlich kann sich das Land nicht mehr »Tschechoslowakei« nennen und genausowenig »Böhmen«, denn es umfasst auch Mähren und Schlesien; auf tschechisch mag der wahrscheinlichste Name – *Česko* – akzeptabel sein, doch seine italienische Übersetzung, zum Beispiel – *Cechia* –, die jemand vorgeschlagen hat, klingt so unwirklich wie die Phantasiestaaten in den Operetten; die deutsche Bezeichnung *Tschechei* erscheint noch umstrittener, weil sie an die unheilvolle Namensgebung der Nazis erinnert.
Diese Zurückhaltung und diese Unausdrückbarkeit passen zu Mitteleuropa, dessen labyrinthische, verknäuelte Geschichte es kaum gestattet, präzise Identitäten zu bestimmen und klare Grenzen zu ziehen; auch das Habsburgerreich hatte Mühe, sich einen unmissverständlichen Namen zu geben, es schlug sich mit Bezeichnungen herum, bei denen ein Bindewort oder ein Trennungsstrich zuviel oder zuwenig fatale Folgen haben konnte. Musil mutmaßte, dass

gerade diese Unsagbarkeit der Grund für den Niedergang des Kaiserreichs gewesen sei. Und dieses Fehlen passt besonders gut zu Prag, der wunderbaren slawisch-deutsch-jüdischen Stadt, die sich nicht eindeutig auf eine Definition reduzieren lässt und deren an Zaubern und Gespenstern reiche Literatur vor allem die Lücken und die Schatten des Lebens evoziert hat, die Sehnsucht nach allem, was ihm fehlt. In vielen Teilen Europas und besonders in Mitteleuropa werden heute Namen gewechselt und ausgelöscht, Grenzen verschoben und Wahrzeichen ausgetauscht, und dies in einem Umzug der Geschichte, der – als wäre das noch nötig – die Bestürzung über die Unbeständigkeit des Lebens erhöht. In Prag und dem Land, dessen Hauptstadt es ist, vollzieht sich diese Demontage, die anderswo zu blutigen Greueltaten führt, außerordentlich zivilisiert; nicht einfach nur in Frieden, sondern mit einer ironischen, leisen Melancholie – eine große Lektion für alle, die sich an Trennungen und Scheidungen berauschen.

Man braucht natürlich einen Namen; weder ein Mensch noch ein Staat kann sich den Luxus leisten, wie Odysseus Niemand zu sein oder wie die Figuren Kafkas nur Initialen zu besitzen. Die Aufgabe, die richtigen Namen zu finden, kommt wohl den Dichtern zu, und vielleicht hat ja jemand den Ehrgeiz, der Täufer und Vater seines Heimatlandes zu werden. Doch die tschechischen Schriftsteller mit ihrer glorreichen anarchistischen und pikaresken Kneipen- und Kaffeehaustradition werden wohl kaum der Versuchung erliegen, sich in hehre Propheten zu verwandeln. In dem partikularistischen Taumel, der Europa mit dem Fieber infiziert hat, Wurzeln, ethnische Reinheiten und in sich geschlossene Identitäten zu proklamieren, wäre es vielleicht nicht verkehrt, wenn dieses herrliche Land ohne Namen bliebe; das wäre – wie Kafkas namenlose Gestalten oder wie die Faxen, die die tschechische Literatur so liebt – eine Lektion in menschlicher Wahrheit und Ironie, in Toleranz und Menschlichkeit.

2. Prag, okkupiert von McDonald's-Läden und Nudel-Snackbuden, ist im Wandel begriffen, und dies in einem Tempo, das auch Prager, die sich gewiss nicht nach dem alten Regime zurücksehnen, missbilligen. Die Stadt ist mit Wechselstuben übersät, die man buchstäblich auf Schritt und Tritt sieht; eher als an Türmen, Statuen und Fialen bleibt der Blick an den obsessiven Schriftzügen »Change«, »Exchange« und »Re-exchange« hängen, die, vertikal und horizontal, in allen Größen und Farben vorkommen. Es ist keineswegs angebracht, sich in einer konsumfeindlichen Phrasendrescherei zu ergehen, die Leuten aus dem Westen, wenn sie Armut und Restriktionen nicht kennengelernt haben, leicht über die Lippen kommt; der Umstand, dass es hier an jeder Ecke Geldwechsler gibt, ist ein Zeichen für die Anwesenheit von Ausländern, die für die tschechische Wirtschaft und folglich für die konkrete Existenz von Männern und Frauen, für ihre Bedürfnisse und Wünsche wichtig ist.

Doch wie jedes Übermaß wirkt dieses übertriebene »Change«-Dickicht wie eine Karikatur und scheint, wie in den Slapsticks der Stummfilme, für eine beschleunigte

Wechselwut zu stehen, für eine auf das ganze Leben ausgedehnte Konvertierbarkeit. Es ist verständlich, dass sich viele Prager angesichts der Verfälschung ihrer Stadt Sorgen machen. »Wir möchten Europäer sein, keine Amerikaner«, heißt es in Anspielung auf den Lebensstil. Doch in Prag ist das Eindringen des amerikanischen Lebensstils paradoxerweise vor allem mit der deutschen Wirtschaft verbunden, also mit Deutschland, obgleich dieses Land zu den Vereinigten Staaten in wirtschaftlicher Konkurrenz steht. Das heutige Deutschland ist, im guten wie im schlechten, das Gegenteil jenes alten Deutschlands des Heiligen Römischen Reichs, das in Prag seine erste Universität gründete und ein Dreh- und Angelpunkt Mitteleuropas war. Heute gibt es ein leistungsstarkes, wirtschaftlich aggressives und kulturell farbloses Deutschland – steril wie manche perfekten Frauen, bildschön und nicht begehrenswert –, das zwar einerseits mit den Vereinigten Staaten wetteifert, andererseits jedoch der Klon eines nur aus Klischees bestehenden Amerikas ist und dazu beiträgt, dessen Modell zu verbreiten. An den Ufern der Vltava versteht man den wahrscheinlich vergeblichen Wunsch, dieser deutschen Amerikanisierung zu widerstehen, nur zu gut; bereits in einem Essay, den er während seiner Verfolgung durch das kommunistische Regime geschrieben hatte, fragte sich Havel, ob die durch diese Tyrannei hervorgerufene Entfremdung nicht auch eine Karikatur des zeitgenössischen Lebens ganz allgemein und des verborgenen Schicksals des Westens sei.

3. Die gegenwärtige Ungewissheit über den Namen des Staates, in anderen Worten, die Spaltung der Tschechoslowakei, ist gewiss eine Niederlage für Havel, doch ist er deshalb nicht weniger ein seltenes Beispiel für Integrität. Auch als er zum Präsidenten gewählt wurde, behielt er die unverfälschte Schlichtheit eines Dichters bei – einen Wesenszug, dank dem er seinerzeit der totalitären Gewalt unbeugsam entgegentreten konnte, mit dem ruhigen Mut eines Menschen, der statt an den Pomp der Welt an die Ewigkeit und an ein mit einem Freund getrunkenes Glas Wein glaubt.

Doch Havel hat es auch verstanden, die nüchterne und wenig geliebte Bürde des Präsidentenamts zu akzeptieren, das Opfer, das es seiner zigeunerischen Freiheit abverlangt. Er offenbarte eine Tugend, die Poeten nur selten besitzen und mit der fast alles verbunden ist, was man zum Wohl anderer Menschen zuwege bringen kann: Verantwortungsgefühl. Es bedeutet, den Preis einzukalkulieren, den man für die Verwirklichung der eigenen Ideale zahlen muss, sich der Kompromisse bewusst zu sein, die dies bisweilen mit sich bringt, und deren Annehmbarkeit von Fall zu Fall einschätzen zu können. Havel ist frei von jenem Narzissmus und jener billigen Protestrhetorik, die man häufig bei Literaten antrifft, die schnell dabei sind, abstrakte und unmögliche gesellschaftliche Ziele zu empfehlen, um daraus das Recht abzuleiten, sich nicht für den kleinen konkreten Fortschritt zu interessieren; eher die Geste des Protests zu lieben als die Ursache, weshalb man protestiert; sich in politischen Polemiken mehr für deren Auswirkungen auf die Angelegenheiten der literarischen Clique zu begeistern als für das Schicksal der Menschen um sie her; Phantasie an die Macht zu proklamieren, doch sich die Labyrinthe der Macht und ihrer unvorhersehbaren Entwicklungen gar nicht konkret vorstellen zu können. Es ist leichter, daran zu glauben, die Welt zu verändern, indem man, wie 68, libertäre Gedichte im Odéon rezitiert, als sich mit dem Papierkram der Regierungsgeschäfte zu befassen. Havel hat sich seinen rebellischen Geist bewahrt, weil er es verstand, auch die grauen und unangenehmen Aufgaben der Prosa der Welt zu übernehmen, sich für eine Weile von seinen geliebten Kneipen und Weinstuben zu verabschieden und sich auf der langweiligen Burg anzusiedeln.

4. In dem Prager Vorort Stredokluky liegt das Atelier von Aleš Veselý, eines höchst bemerkenswerten tschechischen Graphikers. Das Atelier ähnelt einem Gutshof, denn es liegt auf freiem Feld, und es hat eine Werkstatt, die nicht nur mit Skulpturen aus Eisen, Holz und diversen anderen Materialien vollgestopft ist, sondern auch und vor allem mit den verschiedensten Dingen und Werkzeugen, die Veselý für seine Arbeit braucht. Sein Atelier erinnert teilweise an die Krämerbuden, die, wie von Ripellino in seinem Buch *Magisches Prag* so liebevoll beschrieben, angefüllt sind mit einem Wirrwarr von Gegenständen, Garnspulen, Klinken, Heureitern, Holzrahmen, Gliederpuppen und allem nur möglichen Plunder. In dieser wuchernden Umgebung bewegt sich Veselý schüchtern und freundlich; sein offenes, melancholisches Lächeln strahlt Sanft-

mut aus, die vielleicht ein typischer Wesenszug seines Volkes ist.
Bisweilen kann der Laie nicht sofort zwischen den Skulpturen und dem Material oder sogar den Werkzeugen unterscheiden, die zu ihrer Herstellung bereitliegen, zwischen der Poesie des fertigen Werks und dem poetischen Charakter, der vor dem Eingreifen des Künstlers in den Dingen wohnt. Die Dinge – doch auch Gesten, Gesichter, Landschaften – haben natürlich ihre eigene Poesie, und ein in einen leeren Rahmen eingefasstes Stück Realität ist ein Gemälde. Vielleicht sollte man in diesem Fall nicht den Anspruch erheben, seine Unterschrift darunterzusetzen, die Signatur eines Künstlers, so wie auch jemand, der die Meeresbrandung beobachtet und sie zeigt, nicht den Anspruch erhebt, im Lexikon Erwähnung zu finden, obgleich er sich genauso als Poet fühlen darf wie der, dem die Ehre eines solchen Lexikoneintrags zuteil wird. Doch im Lager und auf dem Hof von Veselý tauchen aus der faszinierenden Anhäufung der den Dingen innewohnenden poetischen Möglichkeiten einzigartig und unanfechtbar viele prächtige Kunstwerke auf, die in der Kühnheit verwegener Formen den Stempel des Klassischen tragen, wie zum Beispiel ein großes, tragisches Kaddisch, ein jüdisches Trauergebet, das die Realität der Umgebung überragt. Skulpturen wie diese lassen sich nicht mit der Weitschweifigkeit der Wirklichkeit verwechseln.

5. Auf einer surrealen Postkarte, die Václav Jamek, einer der interessantesten tschechischen Gegenwartsautoren, mir geschenkt hat, fließt die Donau durch Prag. Das wundert mich nicht, jedenfalls nicht an einem Abend, da über meine *Donau* gesprochen wird. Ich sehe Eduard Goldstükker wieder, der mir seine Memoiren schenkt, *Prozesse*. In wenigen Monaten wird er achtzig Jahre alt, noble achtzig Jahre eines mühevollen, doch leidenschaftlichen und unerschrockenen Lebens. Goldstücker, ein großer Kafkaspezialist und ein Protagonist des Prager Frühlings 1968, war seit seiner Jugend ein aktiver Kommunist und lernte sowohl die faschistische als auch die stalinistische Verfolgung kennen. Er saß mehrere Jahre im Gefängnis, nachdem man ihn zu Stalins Zeiten zu lebenslanger Haft verurteilt hatte, und lebte nach der sowjetischen Repression von 1968 im Exil. Die erlittenen Schwierigkeiten und Grausamkeiten haben seinen Mut nicht gebrochen und auch seinen Glauben an die Menschlichkeit nicht, seine Lust zu leben und zu lachen, die Güte eines so sehr zu Liebe und Freundschaft fähigen Herzens, seinen Humor und seinen Sinn für die Freuden des Lebens.
Für mich ist er ein brüderlicher und väterlicher Freund, dessen Existenz ein Gefühl von Sicherheit gibt. Goldstükker hat Ruhm und Ehre ebenso kennengelernt wie die Schattenseiten des Lebens. Es liegt eine tragische Ironie der Geschichte darin, dass er, der große Kenner von Kafkas *Prozess*, eines Morgens wegen eines Vergehens, das auch seinen stalinistischen Anklägern unbekannt war, verhaftet wurde wie Josef K. In seinem Exil nach 1968 hatte Gold-

stücker die Hoffnung aufgegeben, Prag jemals wiederzusehen, doch die – diesmal wohlmeinende – Ironie der Geschichte hat ihn wieder nach Hause gebracht.

In den letzten Zeilen seiner Memoiren schreibt er, dass er davon geträumt habe, ein individuelles Leben zu führen, und dass er statt dessen eines der vielen typisch mitteleuropäischen Schicksale hatte. Vielleicht macht gerade diese Akzeptanz eines gemeinsamen Schicksals, diese Fähigkeit, Jedermann zu sein, menschliche Größe aus.

13. Februar 1993

Polen schlägt ein neues Kapitel auf

Warschau. An einer Straßenecke in der Altstadt spielt ein Blinder Akkordeon und singt dazu. Vor ihm stehen ein kleiner Teller für Münzen und ein Pappkarton mit einem Schlitz für Geldscheine. Es ist Sonntag, und die Passanten verschließen sich nicht vor diesen Liedern, von denen sie empfangen werden, als sie aus der Kirche kommen, wo ihnen die Ewigkeit versprochen wurde – Liedern, gesungen mit der unsteten Stimme des Lebens, das vergeht und verfliegt. Die Altstadt ist vertraut und irreal; nachdem sie wie ganz Warschau im Zweiten Weltkrieg zerstört worden war, baute man sie mit akribischer Genauigkeit wieder auf, sie ist eine perfekte Imitation, eine Kopie der Viertel und Paläste, in denen sich die polnische Geschichte abspielte, eine Fälschung. In dieser rekonstruierten Altertümlichkeit liegt auch etwas Gespenstisches. Man fragt sich, was geschähe, wenn man überall, auf der ganzen Welt, alles, was durch die Zeit, durch Unwetter, durch Abnutzung und durch Kriege zerstört wird, in tadellosen Rekonstruktionen ständig wiederaufbauen würde. Flugzeuge würden in römischen *castra* in der Nähe von Tempeln des Merkur landen, Börsenmakler würden in der Wall Street nicht in Wolkenkratzern, sondern in nagelneuen holländischen Häuschen oder in Wigwams Imperien aufbauen und zerstören. Wir würden es alle den Nomaden in der Wüste gleichtun, die dasselbe Zelt wiederaufbauen, wenn der Wind es zerfetzt hat.

Doch diese künstliche Altertümlichkeit ist echt und wird es immer noch mehr; in diesen Häusern leben Menschen und finden geschichtliche Ereignisse statt, die nicht weniger bedeutend und stürmisch sind als die der Vergangenheit, an die diese Bauwerke erinnern. Diese sind eine Kulisse der Gegenwart, und Schritt für Schritt werden auch sie altern und rissig werden. Es wird der Tag kommen, da man sie renovieren muss, so als würde man eine vor wenigen Jahren gemalte Kopie der *Mona Lisa* restaurieren. Die Altstadt ist das Herz Warschaus, sie verkörpert jenes historische Gedächtnis, jene Treue zur Vergangenheit, zur Tradition und zu sich selbst, aus der Polens Widerstandskraft gegen alles erwuchs, was im Laufe der Jahrhunderte oftmals drohte, das Land zu zerstören, es auszulöschen und seine Identität aufzulösen.
Totalitarismen vernichten das Gedächtnis, und gerade jener schnelle Wandel der dynamischen, opulenten Gesellschaften, die den Individuen so viele Möglichkeiten für Freiheit und auch geistiges Wachstum bietet, neigt dazu, die Erinnerung auszureißen und auszurotten und die Geschichte auf den Dachboden oder ins Museum zu verbannen. Die Rekonstruktion der Altstadt hat auch die Größe der Treue, eine kühne, unerschrockene Verachtung für die Veränderung, ohne die manche mutigen und herausfordernden Gesten, an denen die polnische Geschichte reich ist, wahrscheinlich weniger verständlich wären.
Auch der Blinde mit dem Akkordeon war zu einer solchen Geste fähig. Er war noch ein Junge von vielleicht vierzehn Jahren, wie mir ein Freund erzählt, als er 1944 am helden-

haften Warschauer Aufstand gegen die deutschen Faschisten teilnahm. Er sah eine Bombe, die an einem Pulvermagazin hochzugehen drohte, warf sich auf sie, so dass sie vor seinem Gesicht explodierte, und rettete so das Depot, wobei er vor allem die Katastrophe verhinderte, die ein Großbrand mit sich gebracht hätte. Sein Gesicht ist von Narben entstellt, von Vertiefungen und Unregelmäßigkeiten durchzogen wie ein unebenes Terrain.

Beim Betrachten dieses Gesichts denkt man mit Unbehagen daran, dass unsere Kultur häufig bekundet – und sich darüber freut –, den Sinn für Tapferkeit verloren zu haben, und dass sie das verhöhnt, was solche Gesten und somit auch einen solchen Aufstand erst ermöglicht. Zu Recht bezeichnete Brecht eine Zeit, die Helden braucht, als traurig, doch er wusste, dass eine solche traurige Zeit – wie es die Zeit der Naziherrschaft war und die vieler anderer politischer und individueller Regimes und Bedrohungen – eben doch Helden braucht. Natürlich keine monumentalen, schönrednerischen Helden, die in kriegerischer Glut entbrannt und stolz darauf sind, sich aufspielen und sowohl das eigene als auch fremdes Leben aufs Spiel setzen zu können; diese körperbetonte Protzerei mit Muskeln und Wagemut, wie Regimes sie bevorzugen, die die Menschen gern marschieren lassen, ist eine Parodie des Mutes und führt zu tragikomischen Katastrophen. Doch es gibt auch einen Mut, ohne den man im Leben nicht auskommt; den Mut dessen, der Märsche in Reih und Glied nicht ausstehen kann und der lieber spazierengeht oder in die Kneipe, der jedoch weiß, dass es zur Verteidigung seines Rechts und

des Rechts anderer darauf, spazierenzugehen oder in die Kneipe, schmerzhaft nötig sein kann, seinen Mantel zu verkaufen, ein Schwert zu erwerben und mit bangem Herzen und schlotternden Knien dem Leviathan entgegenzutreten, der Tyrannei, Grausamkeit und Tod verbreitet.
Auch dieser Junge, dessen weit geöffnete Augen mich jetzt nicht mehr sehen können, hätte lieber Räuber und Gendarm gespielt und sich beim Abfragen in der Schule von seinen Klassenkameraden vorsagen lassen. Doch es gibt Momente – die natürlich niemand erleben möchte –, in denen nur der, der bereit ist, sein Leben zu verlieren, dieses rettet. Ich beuge mich zu diesem Gesicht hinunter, das so anders ist als die intellektuell-hochnäsigen oder die *cheese*-Lächelmienen, an die wir gewöhnt sind, und stecke eine beträchtliche Summe in den Pappkarton, ohne mich dessen rühmen zu können, denn ich weiß nichts mit den Złotys anzufangen, die man mir gegeben hat und die ich weder umtauschen noch nach Italien mitnehmen kann. Nach wenigen Schritten merke ich, als ich von einer Telephonzelle aus jemanden anrufen möchte, dass ich kein 20-Złoty-Stück habe. Ich kehre um, und ein paar verlegene Worte nuschelnd, bitte ich den Mann um eine Münze, die ich mir von seinem Tellerchen nehme. Ein Passant, der sieht, wie ich um ein Almosen bitte, starrt mich verblüfft an.
Der Runde Tisch zwischen Regierung und Opposition steht natürlich im Mittelpunkt des allgemeinen Interesses. Ohne seine Bedeutung schmälern zu wollen, lässt sich doch sagen, dass er kein Endpunkt ist, sondern ein zweifellos wichtiger Schritt. Man spürt physisch den Abbau der kommu-

nistischen Herrschaft in den Ländern des Ostens, den Versuch, Osteuropa in ein Finnland zu verwandeln. Von den Ländern abgesehen, die noch fest im Zangengriff und von diesem Prozess ausgeschlossen sind – die Tschechoslowakei, Rumänien –, wird man morgen vielleicht sagen, dass die Regierungen ebenso verdienstvolle Gestalter dieses Prozesses waren wie die Opposition, die erforderlich war – wie um der alten Dialektik einen Gefallen zu tun –, um es den Regierungen anfangs zu ermöglichen, diesen Weg einzuschlagen, und um ihnen jene Impulse zu geben, die sie dann nutzen, regulieren und im Zaum halten, wenn eine Pause nötig erscheint, nach der man dann wieder voranschreiten kann.

Die großen Hoffnungen, die im Osten aufkeimen, werden zum einen von der Angst vor einer Rückkehr zum Autoritarismus bedroht und zum anderen von der Gefahr einer Destabilisierung, die diesen geopolitischen Kontinent ins Chaos stürzen könnte. In einigen Ländern, von denen man hofft, dass sie nun den Weg zu einer parlamentarischen Mehrparteiendemokratie einschlagen, gibt es bereits ein zentrifugales Gewimmel von Bewegungen und Gruppen, die die kaum eingeführte Demokratie rasch in eine Unregierbarkeit verwandeln könnten, die ihrerseits, wie das Beispiel der Weimarer Republik lehrt, die Rückkehr und den Triumph der Tyrannei begünstigt. Ich beneide nicht die Staatschefs der sozialistischen Länder, die sich vor der Aufgabe sehen, diesen Kurs zwischen Skylla und Charybdis zu halten. Gewiss, im Unterschied zu früher, da es den Anschein hatte, als ginge uns all das, was in diesem »anderen«

Europa geschah, nichts an, merken wir heute, dass diese Partie auch unsere ist, dass hier auch unser Schicksal auf dem Spiel steht, das Schicksal Europas *tout court*.

In dieser Kirche, erzählt mir ein Freund, sieht man zuweilen einen alten Priester, der dem Lagerkommandanten von Auschwitz, Rudolf Höß, vor dessen Hinrichtung die Beichte abnahm. Es wundert mich, dass Höß die Beichte ablegte; wenige Wochen zuvor hatte er sein autobiographisches Buch über Auschwitz geschrieben, ein entsetzliches und großartiges Buch, in dem der Schrecken mit unbeirrbarer Sachlichkeit geschildert wird, ohne Reue und ohne Zurückhaltung, ohne nach mildernden Umständen zu suchen und ohne irgend etwas zu verschleiern, ohne Kommentar und ohne Wertung, ganz als wäre es die teilnahmslose, gleichmütige Natur, die da diese Hölle beschreibt, die Natur, die nichts verbirgt und nichts rechtfertigt und auch nichts bereut. Die Beichte dauerte dreizehn Stunden, unterteilt in drei Sitzungen. Ich verstehe nicht, warum sie so lange dauerte. Unsereins brauchte, wenn er jahrelang nicht zur Beichte ginge, gewiss viele Stunden, um die zahllosen kleinen, armseligen diversen Sünden aufzuzählen, die wir tagtäglich begehen. Aber Höß hätte doch nicht mehr als eine halbe Minute gebraucht, nur die Zeit, um zu sagen: »Ich habe Millionen Menschen umgebracht.«

Breslau / Wrocław. Der chaotische, entstellende Wiederaufbau, der in den fünfziger Jahren auch hier, wie überall, die historische Stadtlandschaft zerstörte, hat das alte deutsche Gepräge dieser polnischen Stadt mit den zwei Namen nicht ausgelöscht, dieses Zentrums eines gemischten und zusammengesetzten Gebiets wie Schlesien, mit einer Vergangenheit, die nicht nur polnisch, sondern auch österreichisch und preußisch ist. Die Aula Leopoldina, der große Festsaal der Universität, in dem noch heute das akademische Jahr eröffnet wird, hat die barocke Erhabenheit eines Wissens, das als der Spiegel der Ordnung und der Herrlichkeit der Welt verstanden wird; unter der Deckenmalerei, die sich mit illusionistischen Effekten, wie sie damals so beliebt waren, zum Unendlichen öffnet, hüten Heilige, Engel, Gelehrte und Herrscher die Universalität des Reichs und der Wissenschaft.

In der Matthiaskirche ist Angelus Silesius beigesetzt, der große deutsche Poet und Mystiker des 17. Jahrhunderts, in einer anderen Kirche hat Eichendorff geheiratet, der lyrisch-romantische Verfasser der von Schubert und Schumann vertonten Lieder, nicht weit entfernt verkündete Gryphius, der düstere Tragödiendichter, die Nichtigkeit und Vergänglichkeit der Welt; ganz Schlesien ist ein großes Land der deutschen Literatur, neben der polnischen.

Dieser Marktplatz mit seinem gotischen Rathaus findet sich in ganz Mitteleuropa, vom Baltikum bis nach Transsilvanien: das vertraute Wahrzeichen einer Kultur, die einem vielgestaltigen Mosaik aus Völkern und Einzelkulturen eine gewisse Einheit verlieh wie einst die römischen Aquädukte. Nach dem Krieg wurde diese plurinationale Vergangenheit, von der heute, zum Beispiel, der in München lebende deutsche Schriftsteller Horst Bienek Zeugnis ablegt, vom polnischen Bewusstsein verdrängt. Nun beginnt man wieder darüber zu sprechen und daran zu erinnern, dass Danzig und Schlesien auch deutsche Traditionen haben. In dieser Richtung bewegt sich etwas, auch bei der Wiedereingliederung der Minderheiten und der Wiedererlangung der nationalen Vielschichtigkeit dieser Länder; kürzlich wurde in einem Literaturcafé in Wrocław eine Anthologie mit Texten polnischer Autoren aus dem heute auf sowjetischem Gebiet liegenden Lwów (Lemberg) vorgestellt.

Bis vor kurzem wäre so etwas undenkbar gewesen. Die sich im Osten vollziehende Erschütterung fördert auch das historische Gedächtnis wieder zutage, gibt Völkern und Minderheiten und jahrhundertealten, begrabenen Traditionen ihre Stimme zurück. Auch dieses große, befreiende Wiedererwachen kann Gefahren in sich bergen und in einen gereizten Nationalismus ausarten, der die fatalen Ressentiments der Vergangenheit wiederholt.

Diese deutschen Marktplätze, die sich durch Europa ziehen wie die Meilensteine einer Hauptstraße, gemahnen an die Notwendigkeit einer kulturellen Einheit, die alle Unterschiede respektiert, doch nicht in ein Babel von Partikularismen zerfällt. Die Einheit Mitteleuropas unter deutscher und unter sowjetischer Vorherrschaft ist gescheitert; das neue Europa, das hoffentlich aus dem gegenwärtigen Brodeln hervorgeht, muss in seiner Vielfältigkeit eine in gewisser Weise einheitliche Kultur sein, kein stürmischer Archipel von Nationen und Ethnien, die von der eigenen Besonderheit besessen sind.

Der große polnische Dichter Miłosz erinnert sich an die Zeit, da sich die Familien unter dem politischen Druck zwischen ihrer polnischen und ihrer litauischen Abstammung entscheiden und so einen Teil von sich abtrennen mussten, wie an einen schmerzhaften Verlust. Doch derselbe Miłosz erzählt auch von einem Verwandten, der ihn zwar gelehrt hatte, die eigene bedrohte Identität zu verteidigen, ihn aber gleichwohl ermahnte, sich nicht ganz von dieser Verteidigung vereinnahmen zu lassen und immer im Kopf zu behalten, dass es neben seiner besonderen Identität noch eine andere, höhere gibt. Nicht umsonst heißt sein Buch, in dem dieser Text enthalten ist, *Heimatliches Europa**.

9. April 1989

* Miłosz' Buch (1959) heißt im polnischen Original *Rodzinna Europa*, wörtlich übersetzt also »Heimatliches Europa«, erschien auf deutsch jedoch unter dem Titel *West- und Östliches Gelände* (A.d.Ü.).

Auf dem Treppenabsatz von Raskolnikow

Das Schild an der Tür, so vorhersehbar es auch war, weckt unleugbar Emotionen; man ist nicht daran gewöhnt, den Namen Dostojewski als den eines Mieters zu sehen. Doch Dostojewski hat in dieser Wohnung im ersten Stock der Kasnatschejskajastraße Nummer 11 in Leningrad nicht nur gelebt und in diesen Räumen *Schuld und Sühne* geschrieben, sondern er war auch der Dichter dieser Treppenabsätze, der kleinen Stuben unter dem Dach und der schlechtbeleuchteten Stiegenhäuser, der düsteren Quartiere der kleinen Leute, wo Raskolnikow sich seinem Wahn hingibt, sich über Gut und Böse erheben zu können.

Mit einem Genie, in dem sich christliche Nächstenliebe mit der dunkelsten Erfahrung des modernen Nihilismus verknüpfte, zeigte Dostojewski, wie tragisch und zugleich auf plumpe Weise banal die regelwidrige Verführung ist, die dazu einlädt, im Namen des unerforschlichen, schlammigen Verfließens des Lebens die Moralgesetze zu übertreten; seine Helden sind, wie Raskolnikow und wie jeder von uns, groß im Schmerz und letztlich in der Anmaßung, die dazu verleitet, sich vom Tand des Bösen täuschen zu lassen, indem man die ersten, schnell verschlungenen und schlecht verdauten, Bücher, die einem in die Finger kommen, wortwörtlich nimmt. Vielleicht ist es sonst nur Dante gelungen, seine Figuren so aus dem Inneren ihres Dramas sprechen zu lassen, ohne sie mit dem Dekalog der eigenen Werte zu erschlagen, an die er fest glaubte. Dostojewski erlegt auch seinen niederträchtigen Figuren, der Stimme ihrer gepeinigten Verderbtheit nicht das Evangelium auf. Im Gegenteil, gerade dieses gebietet ihm, den misstönendsten Äußerungen des menschlichen Herzens ohne eine Rüge Gehör zu schenken. In dieser modernen *Göttlichen Komödie*, die sein Erzählwerk darstellt, haben sich die Danteschen Höllenkreise in die Flure und die dunklen Treppenhäuser der vom einfachen Volk bewohnten Viertel der Metropole verwandelt, diese wirklichste Landschaft unserer Poesie, unser Theater der Welt.

Der Besuch dieses Hauses gehört zum obligaten touristischen Programm jeder Leningradreise, doch das schmälert die Faszination und das Erstaunen beim Übertreten dieser Schwelle keineswegs. Am Eingang sieht man einen Spazierstock, einen Schirm und einen Hut; weiter hinten, im Kinderzimmer, ein Schaukelpferd mit struppiger Mähne, eine Puppe, ein blaues Tintenfass, ein Heft, in dem die Ehefrau über die Haushaltskasse, über Einnahmen und Ausgaben Buch führte. In diesen Räumen wohnt das Geheimnis gelebten Lebens und dies nicht nur, weil derjenige, der es lebte, Dostojewski hieß; um die Dinge herum hat sich, durch sie gegliedert, die Existenz verdichtet; die Zeit, die, durch sie hindurch dem Nichts entgegengleitend, verflossen ist; der Rhythmus des Alltags; Vergnügen und Enttäuschung; jenes ungläubige Staunen, mit dem man ans Ende eines Tages und des Lebens gelangt. Die Kaffeetassen sind braun, auf dem Tisch steht ein Vorrat sehr starken Tees, ein grünes Tuch bedeckt den Schreibtisch, eine Ikone wacht diskret über die häusliche Ordnung und über eine fieberhafte Phantasie, einige Laferme-Zigaretten scheinen nur vorläufig einer Verwendung zu entgehen, durch die vor mehr als einem Jahrhundert ihre Gefährten aus der Schachtel in Rauch und Asche verwandelt wurden.

In diesen Räumen stellt man sich nicht das Ritual eines großen Schriftstellers vor, sondern eher die Geste eines Menschen, der nach Hause kommt und den Regenschirm an seinen Platz zurückstellt. Wie irreal wirkt dagegen das als Museum eingerichtete Gorki-Haus in der Katschalowastraße Nummer 6/12, das ich einige Tage zuvor in Moskau besuchte, ein kleines, Anfang des Jahrhunderts für den Millionär Rjabusinski erbautes Palais.

In diesem Haus, in dem Gorki von 1931 bis zu seinem Tod 1936 lebte, gibt es fast nur Literatur, da ist der Tisch, an dem die von ihm persönlich geleiteten Versammlungen des Schriftstellerverbands stattfanden; selbst seine Bücher in den Regalen wirken wie die einer Bibliothek, die man dem Publikum zeigt, und nicht wie die, die ein Mensch aus Leidenschaft oder durch Zufall in einem bestimmten Moment zur Hand nimmt. Die Photos zeigen Gorki mit seinen schrägen Augen und dem großen väterlichen Schnauzbart inmitten von Autorendelegationen und Schulklassen, die bei dem großen Schriftsteller zu Besuch waren.

In diesem schönen Jugendstilhaus wohnt die Literatur als Institution, und die verträgt das Leben schlecht; nicht umsonst war es, bevor Gorki dort einzog, der Sitz des Staatsverlages. Dort steht der Tisch mit Gorkis Federhaltern und

Bleistiften, doch diese Hinweise auf das Abenteuer des Schreibens werden von den Hinweisen auf die Verwaltung des Schreibens und des geschriebenen Werkes überlagert; die Photos halten exemplarische Augenblicke fest, die Kinder sind nicht gekommen, um zu spielen, sondern um den berühmten Autor zu bewundern, der hier weit von seiner Wahrheit, von den Vagabunden und den Elendsvierteln seiner Geschichten entfernt zu sein scheint. Wie bei allen rituellen Anlässen der Gelehrtenrepublik tut der Schriftsteller hier etwas anderes, er nimmt eine andere Rolle ein, die je nachdem verdienstvoll, sträflich oder hohl sein kann, jedoch überhaupt nichts mit dem Schreiben zu tun hat, so wie ein sexualwissenschaftlicher Vortrag etwas anderes ist als Liebe oder Sex.

Die Schuld liegt nicht bei Gorki, der – wie Vittorio Strada schreibt – in der Literaturgeschichte würdig »einen bedeutsamen zweiten Rang« einnimmt, »der nicht dem eines Großwesirs des Realismus entspricht«, den ihm die sowjetische Tradition verliehen hat; die Schuld liegt auch nicht beim sozialistischen Realismus, den Gorki in jenen Jahren repräsentierte. Ein Schriftsteller als solcher kann gar nichts repräsentieren, auch keine Institutionen, die weniger gefährlich sind als der Stalinsche Realismus. Vielleicht war Goethe der letzte Dichter, der Poesie und ein repräsentatives Amt miteinander vereinen konnte – doch auch er konnte dies nicht, ohne einen hohen Preis zu zahlen. Schon allein die Vorstellung, dass Baudelaire der offizielle Vertreter von irgend etwas sein könnte, und sei es auch der Normverletzung oder der Blumen des Bösen, ist lächerlich und unvereinbar mit seiner Größe. Vielleicht waren aus diesem Grund Schriftsteller wie Svevo oder Kafka, die ein wohlmeinendes Schicksal vor der Möglichkeit und somit vor der Gefahr bewahrte, offizielle Gestalten der literarischen Gesellschaft zu werden, die größten Autoren des 20. Jahrhunderts.

Ein Schriftsteller kann nichts verkörpern, auch keine Tendenz und keine poetische Welt, die nur so lange authentisch sind, wie er sie so schildert, wie er sie erlebt, ohne sich darum zu kümmern, was ihnen widerfährt oder welche Wirkung sie in der Realität haben werden. Sowie er, und sei es aus einem großen moralischen Verantwortungsgefühl heraus, sich darum kümmert und sich Sorgen macht, endet sein poetisches Abenteuer und beginnt dessen Verwaltung, die viele ihm fremde Dinge und Konsequenzen berücksichtigen muss. Mit den *Buddenbrooks* erzählt Thomas Mann eine grandiose Lübecker Geschichte der untergehenden bürgerlichen Gesellschaft; als der Erfolg seines Meisterwerks ihn in den Repräsentanten jener Welt verwandelte, musste er ihr verantwortungsbewusster Hüter und Pädagoge sein; seine wunderschönen, geschliffenen und stilistisch vollkommenen Aufsätze über Lübeck und die hanseatische Gesellschaft sind herrliche Vorträge, doch sie sind etwas anderes als die Poesie der *Buddenbrooks*, weil auf ihnen das Opfer desjenigen lastet, der sich auf die Familie besinnt – und die Familie kann, je nach dem persönlichen Engagement, Revolution, Fortschritt, Ordnung, Freiheit oder Kampf gegen Unterdrückung heißen.

Dieser Widerspruch kann dramatisch sein, weil der Schriftsteller Pflichten wie jeder andere hat, die er nicht der Kunst opfern darf; er trägt Verantwortung gegenüber der Familie, dem Land, der Freiheit, der Gerechtigkeit, den Mitmenschen. Man kann sogar von ihm verlangen, für etwas Höheres auf die Kunst zu verzichten: Aischylos wollte, dass mit seiner Grabinschrift an seinen Kampf in der Schlacht bei Marathon erinnert wird und nicht an sein dichterisches Werk. Doch er behauptete nicht, in seiner besonderen Eigenschaft als Tragödiendichter für sein Vaterland zu kämpfen; er wusste, dass er dies, wie jeder andere auch, nur als einfacher Staatsbürger tun konnte und musste.

Wenn die Realität zu unausweichlichen Verantwortungen ruft, kann oder muss man die Feder niederlegen, doch ohne sich einzubilden, dass die vorangegangenen Leistungen dieser Feder eine besondere Autorität zur Ausübung dieser moralischen Pflicht verleihen. Es stört nicht, dass Gorki die Schüler empfing, es ist sogar sympathisch, dass er Stunden von seiner literarischen Arbeit erübrigte, um sie ihnen zu widmen, doch es stört, dass diese Begegnungen mit den Schülern, die eigentlich etwas Selbstverständliches, Einfaches und Natürliches hätten haben müssen, auf diesen Photographien zu etwas Außergewöhnlichem, Erhebendem wurden, obwohl sie häufig stattfanden. Ein Schriftsteller muss manchmal die Bescheidenheit haben, im Dienst einer Sache auch die Feder einzusetzen, doch er sollte dabei wissen, dass er in so einem Augenblick kein Schriftsteller ist. Thomas Manns Reden gegen das faschistische Deutschland sind auf einer bestimmten Ebene womöglich mehr wert als seine Romane, doch sie sind auch etwas anderes,

sie haben eine Sprache, die nichts mit der zu tun hat, die im Geist der Erzählung herrscht.
Heute läuft ein Schriftsteller nicht mehr Gefahr, wie Gorki eine staatliche Ideologie oder Poetik zu repräsentieren, er ist vielmehr dem nicht weniger schlimmen Risiko ausgesetzt, zum Vollzeitsprecher des Literaturbetriebs zu werden, der sich tautologisch selbst reproduziert, zum Teilnehmer am ständigen Runden Tisch, an dem es um die Gesellschaft und um das Leben geht, zum Experten des Realen. Die Rhetorik, also die Organisation und das Getriebe der Gelehrsamkeit, verlangt diese nützlichen Ämter, doch die Poesie hat, um mit Michelstaedter zu sprechen, mit der Überzeugung zu tun, also mit dem erfolgreichen oder missglückten Streben danach, das eigene Leben zu besitzen und ihm ohne diplomatische Sorgen ins Gesicht zu sehen. Biagio Marin erzählt, in Grado habe ihm einmal ein kleines Mädchen, dem er gesagt hatte, dass er ein Dichter sei, spöttisch geantwortet: »Dichter sind tot.« Vielleicht hatte es recht, denn solange er lebt, steht auch der Dichter wohl oder übel im Berufsregister der Realität, die zu Schutzvorkehrungen, Pflichten, Maßnahmen, Kompromissen, menschlichen Rücksichtnahmen, Glättungen und Abtönungen zwingt. Erst wenn man aus diesem Register gestrichen wird, scheint die Poesie ungehemmt auf, selbstlos und königlich unbekümmert gegenüber dem ganzen Rest.

18. Mai 1988

Ein Nilpferd in Lund

In einem schönen, im vergangenen Jahr erschienenen Buch, *Del come riconoscere i santi* (Wie man Heilige erkennt) – ein Unterfangen, das der Erzählkunst von Stefano Jacomuzzi und den Illustrationen von Gigi Cappa Bava obliegt –, wird eine Episode aus der Kindheit des heiligen Aloisius von Gonzaga geschildert. Als ein Verwandter ihn spielen sah, fragte er ihn, was er denn täte, wenn er wüsste, dass er in wenigen Minuten sterben müsste. Das Kind antwortete seelenruhig: »Ich würde weiterspielen.« Falls diese Anekdote wahr ist, hat Aloisius dafür den Heiligenschein verdient, viel mehr als für andere, schmerzerfüllte Taten, die ihm von häufig unangenehm verschämten Kitschgeschichten zugeschrieben werden und die an die Größe wahrer Heiliger nicht heranreichen, da diese schließlich keine zaudernden Frömmler sind, sondern abenteuerlustige Seefahrer auf dem unerklärlichen Meer des Lebens.

In diesem Lehrstück steckt so einiges. Zunächst ist da die dumme, mahnende Strenge des Erwachsenen, der es nötig hat, sich mit hochtrabenden Gedanken wichtig zu tun, weil er nicht fähig ist zu leben, einfach nur zu leben: Er braucht Ziele und Pflichten, die ihn von dieser Unfähigkeit ablenken, er kann nicht querfeldein spazierengehen, sondern muss immer ein Ziel haben, er missachtet die läppische Stunde der Gegenwart und verplant sie mit Blick auf die Zukunft. Sieht dieser Erwachsene jemanden, der wie dieses Kind lebt und spielt, ohne sich um Sorgen und Zielsetzungen zu scheren, duldet er diese Freiheit neben sich nicht, da sie ihn in seiner aufgeblasenen Armseligkeit beschämt, und er greift auf die höchste repressive Autorität zurück, auf den Tod, der die ganze Feierlichkeit jeglicher Autorität hat – jedes Ritual, auch das harmloseste, wie etwa die Eröffnung eines akademischen Jahres oder einer Ausstellung, ist in gewisser Weise ein Trauerritual; wer ein Band zerschneidet oder Arbeiten einleitet, ist immer auch jemand, der mit Würde eine Handvoll Erde wirft.

Der Verwandte von Aloisius will, dass das Kind nicht ans Spielen denkt, sondern an den Tod oder auch an die Zukunft, denn der Tod ist der Gipfel aller Zukunft. Vielleicht hat er in seiner beschränkten Frömmigkeit die Absicht, es auf den Gedanken des Glaubens zurückzubringen. Doch das Kind spielt gerade deshalb weiter, weil es mit seinem ureigenen Wesen von der Gnade, vom Evangelium durchdrungen ist, das dazu aufruft, jedem Tag seine Last zu lassen, ohne sie mit der für den nächsten Tag zu vergrößern, und das Leben nicht mit der Sorge zu zerstören, es zu erhalten. Jenes Spiel – ich weiß nicht, warum, doch ich stelle mir einfach vor, dass das Kind hin und her läuft – genügt sich selbst, es braucht nichts weiter, weder Gebete noch Zensuren, noch Schlussanträge. Es sieht aus wie das Glück, ohne die törichte Arroganz, die jedes vermeintliche Glück oft hat.

Es ist schwer, sich der Kindheit zu nähern, diesem Kind, das in einer Bewegung, die die Welt enthält, auf und ab läuft, und den Dingen, die sein Spiel begleiten. Aus soziologischer und pädagogischer Sicht über Spielsachen zu reden ist hingegen leicht, sie als Produkte einer auferlegten Kultur zu erforschen und ihre erzieherische Wirkung zu loben oder zu tadeln; es ist unvermeidlich, dass wir sie mit sentimentaler Nostalgie anbeten, wenn sie uns an die eigene Kindheit erinnern, eine Zeit, die wir mit der Poesie des Lebens gleichsetzen, obgleich sie nur die Zeit ist, in der wir die Poesie des Lebens entdeckten, und zwar mit Mitteln und Wegen, die weder besser noch schlechter sind als die anderer Generationen.

Das Spielzeug wird geheimnisvoll, wird schwer zugänglich in seiner wesentlichen Eigenschaft als Objekt, in dem sich das gegenwärtige Absolute des damit spielenden Kindes verdichtet, die Selbstgenügsamkeit der plötzlich mit Sinn erfüllten Realität. Unter den großen Gestalten der Weltliteratur gibt es nicht viele Kinder – glaubwürdige Kinder, keine unerträglichen, künstlichen Puppen –, und es gibt dort auch nicht viele Spielsachen. Einige große Schriftsteller, von Hoffmann bis Baudelaire, haben den rätselhaften oder düsteren Aspekt des Spielzeugs erfasst, die beunruhigende Fremdheit, die bisweilen im Gesicht eines auf dem Boden vergessenen Stoffaffen aufscheint oder in der Grimasse eines Papageis.

In Hoffmanns Märchen wird diese Ambiguität der Spielsachen meisterhaft dargestellt, sie verwandelt deren vertraute Zärtlichkeit in eine Drohung, als wären Puppen, Spielzeugsoldaten, Schaukelpferde und Stoffbären auch oder vor allem eine nächtliche Armee, die nur darauf wartet, sich feindlich zu erheben, und einstweilen furchterregend in die Träume und Alpträume dessen einbricht, der bis vor kurzem noch liebevoll damit spielte. Diese treulose Zurückhaltung oder Boshaftigkeit, die manche Autoren in den Zinnsoldaten oder den Stoffclowns andeuten, symbolisiert die finstere Unruhe der Kindheit, ihre Ambivalenzen, die Traumata und die Spaltungen, die Schmerzen und die Grausamkeiten, die das Heranwachsen eines Menschen mit tiefen Narben zeichnen. Ein Stoffhund kann mit seinen schielenden Glasaugen die erste Offenbarung der Gleichgültigkeit der Dinge, der Einsamkeit und der Melancholie des Lebens sein.

Diese Seite des Spielzeugs lässt sich am leichtesten darstellen: Perverse Puppen zu beschreiben erfordert nicht allzuviel Phantasie. Viel komplizierter ist es, das Geheimnis der Vertrautheit zu erfassen, ohne sie in einem süßlichen Brei zu entstellen. Spielzeugausstellungen oder Spielzeugmuseen sind im allgemeinen didaktisch ausgerichtet; sie können nicht die Nichtzeit des Spiels heraufbeschwören, sondern nur die Geschichte, wie und wann die Spiele gestaltet, vorgeschlagen oder eingeführt wurden; sie ordnen alles nach Kategorien – Flugzeuge und Teddybären, Metallbaukästen und Roboter –, lassen jedoch nicht die unwiederholbare Individualität erkennen, die ein Spielzeug im Leben eines Menschen erwirbt. Der unvermeidliche, falsche Anspruch fast sämtlicher Museen und Ausstellungen ist der falsche Anspruch des Lehrers, der stets und ständig etwas lehren und erklären will, anstatt es, wie die Poesie es tut, einfach nur zu zeigen; das beste Museum wäre vielleicht ein Lagerhaus ohne jede Ambition, außer der einen, jedem

Besucher die Gelegenheit zu geben, sich das anzusehen, was ihm gerade gefällt, ohne Lehrpfade und prätentiöse Inszenierungen ertragen zu müssen.

In einem unscheinbaren Raum im Museum für Kulturgeschichte in Lund – den man bei einem hastigen Besuch leicht übersieht, weil man von einer ambitionierteren Keramikausstellung angelockt wird – gibt es eine schlichte und bezaubernde Welt von Spielsachen, die einfach zusammengetragen wurden, als hätte man nur ein bisschen – aber nicht zuviel – aufräumen wollen, nachdem die Kinder ins Bett gegangen sind. Nur vereinzelt finden sich Erläuterungen, doch kein einziger Kommentar; es gibt auch keinen Katalog. Es gibt das Spielzeug, das etwa einhundert Jahre Kindheit umfasst, grob gerechnet von der zweiten Hälfte des vergangenen Jahrhunderts bis zu unseren fünfziger Jahren.

Es herrscht eine gemütliche Vertrautheit in dem kleinen Raum, der die Zauber und Traurigkeiten der Kindheit beherbergt. Dieser Vertrautheit begegnet man überall in dieser alten schwedischen Stadt mit ihren stillen Straßen, mit den niedrigen Häusern, die hinter den gardinenlosen Fenstern friedliche Interieurs zeigen, mit dem romanischen Dom, dieser soliden Festung des Glaubens, und mit der jahrhundertealten Universität, die reich ist an zukunftsorientierten Traditionen. In Schweden kann man die vornehme und heitere intellektuelle Neugier von Menschen genießen, die sich für das andere interessieren, für das, was von jenseits der Grenze kommt, und dies ganz und gar ohne die aufgeregte Unsicherheit, die viele Völker und Kultu-

ren besonders in Mitteleuropa dazu verdammt, von sich und der eigenen Identität besessen zu sein und ständige Beweise für Wertschätzung und Achtung einzufordern. Eine der größten Ungerechtigkeiten des Lebens wird melancholisch vom Evangelium anerkannt: Wer hat, dem wird gegeben, wer nicht hat, dem wird auch das bisschen, was er hat, noch genommen. Wem es gutgeht – einem Menschen oder einem Volk –, wer frei ist von Not, Übergriffen und Unmündigkeit, ist oftmals auch großzügig und sympathisch, während jemand, der hungrig und gedemütigt ist, in seiner aufdringlichen, gereizten Sucht nach Selbstbestätigung zuweilen unangenehm ist.
Das Stoffnilpferd im Museum von Lund erinnert an den Esel, den Dostojewskis Idiot, Fürst Myschkin, auf einem Schweizer Marktplatz sieht und der ihm nicht mehr aus dem Kopf geht. Es ist groß wie eine Bulldogge, völlig ramponiert und zerrissen, die Glasaugen fehlen, doch ihr Abdruck in dem verschlissenen Stoff sind zwei authentischere Augen: Sie ähneln dem kurzsichtigen, gutmütigen Blick von jemandem, der den Dingen nicht allzusehr vertraut, wie von manchen sympathischen Greisen, die partout keine Brille aufsetzen wollen und die Augen zusammenkneifen. Das Nilpferd ist breit und plump, es hat krumme Beine, einen dicken Hintern und sieht aus wie jemand, der unsicher durch die Gegend watschelt und nur hofft, dass er in Ruhe gelassen wird; dieser arme Kerl lässt auf seinem Buckel alle Schicksalsschläge erkennen, die das Leben und die Geschichte ihm zugefügt haben, setzt ihnen aber eine stille, von seinen Flicken betonte Würde entgegen.

Ein Schaukelschaf neben ihm verliert etwas von seinem immer noch dichten, rötlichen Fell, Puppen machen es sich in schmucken, warmen Häusern mit schrägen Dächern bequem, eine kleine Eisenbahn hat neben einem Stuhl gehalten, Soldaten zu Fuß und zu Pferde zeichnen das wüste Schema einer Schlacht und erwecken den pathetischen Anschein, mit vereinten Kräften gegen das Chaos anzukämpfen, auf einem Regal sind einige Würfel zu veränderlichen Bildern zusammengesetzt, hin und wieder unterbrochen von einer falschen Würfelseite, wunderliche, harmlose Chimären. Die Spielsachen sind alt und zeigen die ganze Hinfälligkeit der Dinge und der Existenz, die Trostlosigkeit vieler Kindheitstage, doch auch einen hartnäckigen Widerstand gegen die Abnutzung. Das Nilpferd trotzt den Unbilden der Zeit nicht weniger tapfer als die rot-blauen Husaren; das Leben zerreißt die Dinge, doch eine gute Hose lässt sich schließlich so manches Mal flicken.

Gern würde ich die Geschichte des Nilpferds hören, erfahren, was es gesehen hat, in welchen Zimmern es herumgeworfen und gehätschelt wurde, was aus dem geworden ist, der mit ihm spielte. Diese griesgrämige Schnauze weist darauf hin, dass wir immer zu früh aufhören zu spielen. Auch mit ganz anderem Spielzeug natürlich, etwa mit elektronischem, das für die Phantasie nicht weniger verlockend ist als die alten Konstruktionen aus Holzbausteinen. Außerhalb dieses Raumes gewährt das Erwachsenenleben der Ernsthaftigkeit und der Leidenschaft des Spiels nur wenig, es erstickt sie mit der Leichtfertigkeit des Fleißes. Dabei wäre Spielen an sich ganz leicht; alles kann Spielzeug sein, eine leere Streichholzschachtel, ein Knopf. Ein Kinderarzt, mit dem ich befreundet bin, erzählte mir von einem schwer an Leukämie erkrankten Kind, das sich nach der Phleboklysis eine bei der Infusion benutzte Stange griff, sie quer vor sich hielt und damit durch die Krankenhausflure lief; es war in jenem Augenblick auf einer fröhlichen Skooterbahn in einem Vergnügungspark. Man muss nicht unbedingt die Lebensläufe der Heiligen lesen, um zu sehen, wie man leben sollte.

9. Dezember 1990

Der Waldfriedhof

Der Norden, das ist vor allen Dingen sein Licht, besonders das am späten Nachmittag, wenn der Tag in einen schon seit Stunden angekündigten Abend übergeht, der sich nie herabzusenken scheint, von einer hartnäckigen Helligkeit auf unbestimmte Zeit verschoben; ein klares Licht, das die Luft transparent macht und die Dinge in das Leuchten einer verzehrenden Ferne hüllt, in die Sehnsucht nach allem Fehlenden. Unter einem tropischen oder äquatorialen Himmel, wo die Dunkelheit schlagartig hereinbricht und man unversehens von der blendenden, unerträglichen Sonne in die Nacht wechselt, beobachtet ein Europäer das Fehlen der langsam eintretenden Dämmerung mit Befremden. In vielen Werken der großen skandinavischen Literatur wird dieses Licht der Nimbus des wahren Lebens und seiner Abwesenheit – Versprechen und Enttäuschung, Glück und Melancholie, der Sinn des Lebens, der jenseits der unmittelbaren Realität leuchtet, wie er für Borkman, eine Gestalt Ibsens, hinter den Schneebergen leuchtet, des Dichters, der dem Unbehagen der Gesellschaft auf den Grund ging.

Zwischen den Bäumen des Stockholmer Waldfriedhofs ist es trotz der Tageszeit noch hell, und die weißen Stämme der Birken durchbrechen das Tiefgrün der Tannen und des Blattwerks wie Schaumkronen ein dunkles Meer. Herkömmliche Friedhöfe sind Dickichte aus Stein, der die

Pflanzen bedrängt und erdrückt, welche zwischen einem Grab und dem nächsten immer mehr eingeengt werden und sich auf ein paar Buchsbaumhecken reduzieren, auf die eine oder andere schmächtige Reihe von Zypressen und manchmal auf einige Blumen in einer Vase. Sie sind Städte, Nekropolen und Metropolen aus Marmor, majestätische Triumphe des Todes und seiner Ordnung. Dieser Friedhof in Stockholm – der von den beiden großen Architekten Erik Gunnar Asplund und Sigurd Lewerentz mit einem Projekt angelegt oder vielmehr erfunden wurde, dessen Planung und Ausführung 1915 begann und ein halbes Jahrhundert dauerte – ist hingegen ein Wald, der den Stein umgibt, ihn einnimmt und ihn bedeckt und in dem die Unregelmäßigkeit des Lebens zu triumphieren scheint.

Viele der Gräber sind beliebig angeordnet, ungleichmäßig zwischen den Bäumen, und in der Dämmerung sehen sie aus wie geduckte, im Gras versteckte Tiere; keine imposanten Grabplatten, sondern kleine, verstreute Grabsteine, die wie Wurzeln aus der Erde ragen, ein diskretes Unterholz von Namen und Daten. Manche Gräber machen mehr her als andere, doch keines ist wirklich prätentiös; die Aufgeblasenheit vieler Familienkapellen mit Kuppel und Säulen, durch die unsere Friedhöfe oft geschmacklos geraten, ist in dieser Landschaft unmöglich und unvorstellbar, in der sie so grotesk wäre wie ein Abendkleid, das man anzieht, um im Wald herumzustreunen, Tiere zu beobachten und ihren Spuren zu folgen, Pilze zu sammeln und den Duft von Harz und feuchter Erde einzuatmen.

Hier scheint der Tod Gleichheit zu sein, Brüderlichkeit; die

Natürlichkeit eines vertrauten Ereignisses, das so selbstverständlich ist wie Atmen, Schlafen, Gehen, das keine Unterschiede und Hierarchien kennt und allen Bestattungspomp ignoriert. Einige Kapellen, wie etwa die Auferstehungskapelle, ziehen die Aufmerksamkeit deutlich auf sich und haben eine zentrale Funktion in der Topographie und bei den Trauerfeiern, doch andere tauchen unvermittelt nach einer Wegbiegung auf, eher Holzfällerhütten aus Holz als Kirchen, eher Zufluchtsorte, um sich vor Regen zu schützen, als Orte des Gebets und der Bestattung – obgleich auch ein Baum, unter den man sich zum Verschnaufen setzt, ein guter Platz zum Beten sein kann, mehr als andere Orte, die offiziell für die Andacht zuständig sind.

Unsere steinernen Friedhöfe sind eine Raum-Zeit, die dem Tod gewidmet ist, an den wir während des kurzen, betrübten Besuchs gebührend denken und den wir vergessen, sobald wir wieder draußen sind. Hier dagegen ist der Besuch kein Trauerritual, sondern ein Umherstreifen im Wald, ein Wahrnehmen seines Geistes; man achtet auf die Bäume, auf die unbeschreibliche Zartheit der schlanken Birken, auf das Rot der Blätter, auf die Äste, die das reine, weiße Licht klar aus dem Himmel schneidet, auf die Spuren irgendeines Tiers, auf den Lockruf eines Vogels. Die Toten ringsumher sind nicht anonymer oder unwirklicher, nicht beängstigender oder erhöhter als die Menge, in der man sich tagtäglich auf der Straße bewegt. Es hätte nichts Entweihendes, wenn man sich auf diesen Wiesen dem Spiel oder der Liebe hingeben würde. Der Gedanke an den Tod kommt und geht, wohlwollend und gleichgültig; ein Grabstein ruft ihn hervor, und eine Gruppe von Tannen auf einem Hügel, einer Reiterschar mit Lanzen gleich, die bereit ist, sich in die Schlacht zu stürzen, trägt ihn wieder davon. Manche Gräber haben nur ein Kreuz oder nicht einmal das, nur ein Stück Holz, das in den Boden gesteckt ist; die Blumen wurden als taufrisches, winziges Sträußchen auf der Erde oder auf dem Gras abgelegt. Margit, die an einem kleinen Weg unter großen, dunklen Tannen ruht, hat nur einen Vornamen, keinen Nachnamen, genau wie wenige Schritte von ihr entfernt Vilhelm.

Die Architekten dieses Friedhofs wollten die Aufmerksamkeit der Lebenden von der Traurigkeit des Todes ablenken und ein sinnliches Vertrauen zur Natur herstellen, zum Wald, der mit seinen Gerüchen die Sinne anspricht, mit seinen Farben, mit der Rinde, die sich rauh anfühlt, mit dem herben Geschmack der Beeren, die man kaut und ausspuckt. Der Wald ist die richtige Szenerie für jemanden, der sich mit seiner Angst nicht allein, sondern eingebettet fühlt in die ihn umgebende Welt und die Generationen, in die Geschichte der Spezies und in die noch viel größere, in der auch die Spezies nicht mehr als ein kurzer Augenblick ist.

Doch Grab und Wald, Steine und Stämme sind und vermelden dasselbe, den Triumph der zerstörerischen Zeit über Margit. Das – auf diesem Friedhof nahezu abwesende – Christentum hat die klassische Seelenruhe und Sachlichkeit vielleicht für immer unmöglich gemacht, das gelassene Akzeptieren, dass der Mensch dem Nichts ausgeliefert und folglich selbst nichts ist; dieser Wald ist voller Zauber und

Poesie, doch er ist nichts anderes als die Knopfgießerei, von der in Ibsens *Peer Gynt* die Rede ist und in der jeder gebrauchte Knopf – jeder Mensch – für immer zermahlen, eingeschmolzen, zerstört und, zumindest teilweise, für die Herstellung neuer Knöpfe wiederverwendet wird.

Das Christentum nötigt dazu, in den Augen dessen, der stirbt, eine radikale, entsetzte oder erstaunte Sinnlosigkeit zu lesen, die um Erlösung bittet. In einer außergewöhnlichen jüdischen Parabel, die Enzo Bianchi in seinem unvergesslichen Buch *Vivere la morte* (Mit dem Tod leben) wiedergibt, sagt Gott zu Moses, als Aarons letzte Stunde schlägt: »Sag du es ihm, mir tut das so leid.« Angesichts dieser Traurigkeit Gottes über den Tod eines Menschen hilft auch kein Wald. Nach der jüdisch-christlichen Revolution sämtlicher Gefühle des Menschen kann sich nicht einmal ein Skeptiker wie Montale, der gegen alles Absolute und gegen jeden Glauben gefeit ist, damit zufriedengeben, zwischen den Toten so ruhig spazierenzugehen wie zwischen Blumen; wenn er einen geliebten Menschen verliert, sucht er ein Loch im Horizont, einen unmöglichen Durchgang, möchte er ein »für das Jenseits einstudiertes« Erkennungszeichen erfinden, auch wenn er jedes Jenseits bezweifelt.

In einer apokryphen Apokalypse bittet die sterbende Eva darum, wieder mit Adam vereint zu werden – der vor ihr gegangen ist und mit dem sie das irdische Paradies erlebt, missachtet und verbüßt, genossen und verloren hat –, und die Erde, in die sie aufgenommen werden möchte, ist wie ein großer Körper, ein geliebtes Fleisch. Auch der Wald ist trotz allem ein Triumph des Todes, obschon viel großzügiger – und mehrdeutiger – als die Mausoleen aus Stein. Natürlich lässt sich leicht behaupten, das Leben sei stärker als der Tod – es gibt Triebe, Knospen, Blüten. Wenn es danach geht, ist das Leben auch stärker als Weisheit und Intelligenz. Asplund und Lewerentz, die beiden Schöpfer des Waldfriedhofs und dieser Landschaft, die lehren müsste, vor dem großen Gesetz des Ganzen jeden Verlust und jedes persönliche Leid zu überwinden, gerieten am Ende in einen unangenehmen Streit, in eine Auseinandersetzung, die Lewerentz, den begabteren der beiden, ausgrenzte. Die alltägliche Engherzigkeit ist universeller – und stärker – als der Tod und das Leben.

26. Oktober 1998

Pfarrhaus des Nordens

Nesset liegt an der Westküste Norwegens, am Schnittpunkt des Andfjorden und des Eresfjorden, die fast einen rechten Winkel bilden. Dort, wo sich die beiden Meeresarme treffen, kräuselt sich das Wasser leicht, eine braune Linie zerschneidet es wie eine Schwertklinge, trennt Blassgrün von Graublau, das sich mit der Farbe der Ferne vermischt; die Berge hinter den schwarzen Wäldern und weiteren Fjorden sind schneegefleckt. Bjørnstjerne Bjørnson – ein Freund Ibsens und eng mit der norwegischen Landschaft verbunden, so dass er ihr leidenschaftlicher und geradezu offizieller Dichter wurde, der auch die Nationalhymne des neuen, unabhängigen Norwegens verfasste – besang die grenzenlosen Weiten der nordischen Natur und auch Nacht und Tag, die lang wie Jahreszeiten sind, die Sonne, die abends hinter dem vom Meer aufsteigenden Nebelschleier wie aufgedunsen wirkt, die großen Vogelscharen und die Fischschwärme, die Wucht der Wellen an den Klippen.
Die in seinen Augen unermessliche Landschaft ließ nicht weniger grandiose Phantasiegeschichten und Sagen entstehen. Doch die von ihm geliebten stillen Fernen weckten keinerlei titanisches Pathos, sondern eher eine versunkene Zurückhaltung, einen Zauber, so leise und flüchtig wie der kurze Sommer; dieser Horizont aus Wassern, Wäldern und Einsamkeiten ist ein abgeschiedenes, freundliches Unendliches.

In Nesset stand das Pfarrhaus von Pastor Peder Bjørnson, dem Vater des Schriftstellers, und seiner Familie, die 1837 hergezogen war, als der künftige Nobelpreisträger fünf Jahre alt war. Im Gegensatz zu der rauhen Trostlosigkeit von Kvikne, dem Bergdorf, in dem er geboren war, erschienen Nesset und die benachbarte Provinzhauptstadt Molde dem Jungen wie idyllische, heitere Orte, anziehend durch die großzügige Freiheit und Weltoffenheit, wie sie für Küstenstädte typisch sind. Vor dem neuen Pfarrhaus steht eine große Esche, die Elise, die Mutter des Schriftstellers, gepflanzt hat und die der Baum der Kindheit und der Spiele von Bjørnson und seinen fünf Geschwistern war. Dort wachsen viele Wildrosen; dort liegt auch das Grab von Blakken, dem Pferd, das die für den Bau des neuen Pfarrhauses benötigten Stämme gezogen hatte, für ein Haus, das Pastor Peder haben wollte, weil das, welches er vorgefunden hatte, jahrhundertealt und baufällig war. Der Grabstein erinnert daran, dass Blakken einmal im Wald von einem Bären angefallen worden war, sich jedoch verteidigt und ihn am Ende getötet hatte. Der Dichter behielt dieses Pferd immer in Erinnerung; dieses Grab inmitten des Anwesens ist auch eine Provokation, ist eine Frage, auf die die großen Religionen schwerlich eine Antwort finden, die Frage nach dem Leben und dem Leiden der Tiere und nach deren Bedeutung in der Heilsgeschichte. Der heilige Franziskus predigte den Vögeln und der heilige Jakob von Compostela den Lachsen, doch das ist zuwenig. Nicht eine einzige der verklärten Episoden aus dem Leben Jesu Christi erinnert an den Ochsen und den Esel aus dem Stall von Bethlehem.

In dem großen Holzsaal, in dem sich die Kirchengemeinde versammelte, lässt ein düsteres Porträt von Pastor Peder Bjørnson im Talar und mit einem breiten weißen Halskragen Jahrhunderte strenger Frömmigkeit wiederaufleben, Generationen von Pastoren – etwa dreißig – mit ihren Psalmen und Predigten und dem Glauben an einen unergründlichen Gott. Auch Bjørnson ist einer jener »Pfarrerssöhne«, denen die Literatur und die Kultur der germanischen Länder einige der größten poetischen Werke und der radikalsten geistigen Erfahrungen verdankt. In der Atmosphäre der lutherischen Gemeinde machten sich Persönlichkeiten wie Lessing und Nietzsche – um nur zwei herausragende Beispiele von vielen zu nennen – ein absolutes Bedürfnis nach moralischer Strenge und Wahrheit zu eigen, in deren Namen sie auch die Lehren, die Dogmen und das gesamte Gefüge des Christentums und seiner Kirchen einer unerbittlichen Analyse unterzogen und sie am Ende auf der Grundlage einer Rebellion und einer Kritik ablehnten, die sie vom Christentum selbst gelernt hatten.

Auch Bjørnson, der Sohn des Pastors von Nesset, lernte aus dem Geist, der ihn in der väterlichen Kirchengemeinde prägte, sich der lutherischen Kirche und dem gegenüber zu widersetzen, was er für eine starre, verknöcherte Orthodoxie hielt, auch wenn seine Auflehnung im Unterschied zu der von anderen großen Autoren, mit denen er nicht gleichgesetzt werden kann, zuweilen in eine rhetorische Emphase verfiel, in einen bequemen, mit dem Fortschritt und dem Radikalismus liebäugelnden Optimismus, der un-

geeignet war, die Risse der Moderne, der Religion und der Auflehnung dagegen zu erfassen.
Verglichen mit seinem Freund und Landsmann Ibsen, einem der ganz Großen der modernen Literatur, erscheint Bjørnson oftmals wie ein wortgewandter Vortragsredner. Doch in der heftigen Auseinandersetzung mit der Gesellschaft versteht er es auch, einem tiefergehenden Unbehagen Gehör zu schenken: In dem Roman *Auf Gottes Wegen* weicht die warmherzige Darstellung der Protagonistin Ragni und ihrer mutigen Auflehnung gegen den gesellschaftlichen Konformismus im Namen der Rechte des Herzens einer schmerzerfüllten Ahnung der Kälte, die das Leben und die Gefühle bedroht, oder anders gesagt, von Widersprüchen, die durch keine emanzipatorische Begeisterung aufgehoben werden können.
Die Polemik gegen das Christentum und die Kirchen ist weitaus vielschichtiger, als es einem einfachen Antiklerikalismus erscheinen könnte. Das Christentum wird im Namen einer Moral bekämpft, die wahrhaftiger sein will, insbesondere im Gegensatz zu einer Staatskirche wie der lutherischen, auf der die Bürde eines doppelten institutionellen Amtes lastet, doch schwächt diese Moral, gerade weil sie strenger ist, das Individuum noch mehr, sie erstickt seine Vitalität im Namen von Pflicht und Wahrheit, führt jene Auszehrung des Lebens durch das Gewissen fort, die Ibsen – mit ganz anderer poetischer Kraft – in *Rosmersholm* der Religion vorwirft, und verschärft sie noch.
Das Christentum – das gerade im Namen des Lebens kritisiert wird, das es angeblich unterdrückt – offenbart jedoch

eine Urkraft, die der wilden Dämonie des Lebens und des Todes, des Vergänglichen und des Ewigen, das es zunichte macht, Auge in Auge entgegentreten kann. Diese Kraft hat der weltliche Moralismus verloren, weil er den Abgrund und die Tragik des Lebens verdrängt, die keinem Befehl und keinem moralischen Verbot gehorchen. In seinem Stück *Über unsere Kraft* (oder besser in seinem ersten Teil, der allein poetisch wertvoll ist) hat Bjørnson dem – jeder moralischen Sicht innewohnenden – humanistischen Entsetzen über alles Ausdruck verliehen, was gerade das menschliche Maß übersteigt, so auch das Maß von Gut und Böse. Aber da das Leben selbst, mit seinen Katastrophen, seinen Tragödien und seinen Ungerechtigkeiten, das menschliche Maß durchbricht und die Tafeln seines Gesetzes zerschlägt, ist gerade Pastor Adolf Sang – obwohl ideologisch doch Bjørnsons Gegenspieler – der starke Mann, der der zerstörerischen Gewalt des Lebens trotzen kann, eben weil er der Transzendenz zugewandt ist.

Das Christentum erscheint folglich nicht als fromme Ölung, sondern als eine verheerende Erfahrung dessen, was jenseits unserer Kräfte liegt, und zwar nicht in einem seraphischen Himmel, sondern im täglichen Gewirr, das jeder Mensch durchleben muss, obwohl er ihm nicht gewachsen ist, so wie auch jeder sterben muss, obwohl er der Unermesslichkeit des Todes nicht die Stirn bieten kann. Wie schon Aldo Magris, ein Autor, mit dem ich den Nachnamen teile, ohne mit ihm verwandt zu sein, in seinem wunderbaren Buch *L'idea di destino nel pensiero antico* (Der Schicksalsbegriff im Denken des Altertums) schrieb, entsetzt sich jede moralische Sicht auf das Leben angesichts all dessen, was über den Versuch des Menschen hinausgeht, der Abnormität des Geschehenden eine Ordnung, eine Gerechtigkeit und eine Zweckmäßigkeit zu geben, all dessen, was diesen Versuch über den Haufen wirft und zertrümmert. Bjørnsons Aufforderung, nicht über unsere Kraft hinauszugehen, ist ausgesprochen menschenfreundlich und brächte uns, wenn wir sie befolgen könnten, Freude oder zumindest Seelenfrieden, doch sie ist nicht umsetzbar, weil ein Großteil unseres Seins, nämlich Lieben und Sterben, jenseits unserer Kraft liegt. Ein Moralist kann uns nur lehren, das wenige, das höchst kostbare wenige, das in unseren Händen liegt, so hoch wie irgend möglich zu schätzen.

Das Leben der Kirchengemeinde war ein einziges, festgefügtes Ganzes. In dem großen Raum betete man, traf man sich, lernte man; Bjørnson hatte zwischen diesen Holzwänden lesen und schreiben gelernt und es dann den anderen Kindern beigebracht. Bibeln, Küchengeräte, Rechenbücher, Bottiche und Fässer sind durch den alltäglichen Gebrauch vereint. Hier versammelte sich auch das Gericht, und hier wurde das letzte Todesurteil verkündet, das man in der Provinz Molde vollstreckte. Ein reicher junger Landwirt hatte eine seiner Bäuerinnen verführt und wollte sie zur Frau nehmen, weil sie ein Kind erwartete, doch seine Mutter stellte sich vehement gegen diese Heirat, und am Schluss verlor er die Nerven und brachte das Mädchen um. Er wurde zum Tod durch Enthauptung verurteilt, und das ganze Dorf, einschließlich der Kinder, unter denen auch Bjørnson war, musste der Vollstreckung mit dem Richtbeil beiwohnen. Erst neunundfünfzig Jahre später gelang es dem Schriftsteller, den Schrecken dieses Erlebnisses niederzuschreiben. In einem anderen Holzhaus steht zwischen Öfen und dem Lagerplatz für die Ernte ein Tisch mit einem Abtropfbrett, wo die Tiere geschlachtet wurden.

Unausgeglichen und schaffensfreudig, wie er war, hat Bjørnson zuviel geschrieben; er trug zur Entstehung der »Norwegomanie« bei, dem Klischee des nordischen Idylls mit blonden Mädchen, stillen Gewässern und einsamen Wäldern, doch er schuf auch – etwa mit der von dieser Gegend inspirierten Erzählung *Synnøve Solbakken* – eine bezaubernde Seelenlandschaft, voller ferner Echos und Resonanzen. Als großzügiger Demokrat setzte er sich für schikanierte Minderheiten, wie etwa die Slowaken, ein; er hatte das Pech oder den Fehler, ein Staatsdichter zu werden, ein Repräsentant von Werten und einem Land, und übernahm so eine Rolle, die unsere Zeit einem Poeten nicht verzeiht, denn niemand kann die Menschheit repräsentieren, ohne sie in Form eines dekorativen Denkmals zu entstellen. »Falsch wie ein Festredner«, nannte Strindberg ihn grimmig.

Dieser abgelegene Landstrich zwischen den Fjorden gehört zur Geographie der Weltliteratur; ein Haus in Molde ist mit Ibsens *Rosmersholm* verbunden, ein anderer Ort mit der *Frau am Meer*. In einem Museum auf einer gegenüberliegenden Insel werden die alten, von Jonas Lie besungenen Nordlandboote aufbewahrt, deren zum Brechen von Sturzwellen gut geeignete Form ihm von der langen, namenlosen Mühe von Generationen herzurühren schien, von der Erfahrung mit Seewegen und Strömungen, mit Winden und Küsten, eingelagert in der Form eines Bugs oder in den Proportionen eines Kiels.

In Norwegens Provinz, der Peripherie Europas, entstand eine der bedeutendsten europäischen Gegenwartsliteraturen, eine Literatur, die bis auf den Grund erfasst hat, dass in der historischen Zeit, in der zu leben wir berufen sind, jeder an der Peripherie des Lebens steht. Ibsen – doch auch Lie und Kielland, deren Romane über bürgerliche Familien Vorbilder für die *Buddenbrooks* waren, und wenig später Hamsun oder auch andere Skandinavier wie Jacobsen und Strindberg – deckte Widersprüche auf, die noch immer den Mittelpunkt unserer gesellschaftlichen Krisen und des uns umgebenden Nihilismus bilden.

Der Anspruch zu leben, schrieb Ibsen, sei etwas für Größenwahnsinnige; diese lakonische Landschaft lehrt die Sehnsucht nach dem wahren Leben und fordert dazu auf, sich ein Quentchen Größenwahn zu bewahren wie die melancholischen und widerspenstigen Herumtreiber, die in vielen Texten der norwegischen Literatur hartnäckig danach suchen.

31. Juli 1995

Wasser und Wüste

1. »Amerikanische Touristen sind im Iran willkommen«, erklärt ein hoher Beamter des Innenministeriums zu Beginn des Sommers in Teheran, »und sie können unbesorgt sein, denn sie sind hier viel sicherer vor den Anschlägen von Al-Qaida als in den Vereinigten Staaten.« Die wenigen, wegen ihrer Dollars gerngesehenen Leute aus dem Westen werden von den Einwohnern mit Sympathie und wohlwollender Neugier betrachtet, und es fällt schwer, sich einen 11. September oder einen 11. März in Isfahan oder in Shiras vorzustellen; unterwegs, auf dem Basar oder im Park eines Museums halten sich nicht selten Frauen mit Tschador (oder jedenfalls absolut getreu den Vorschriften des strengsten Islamismus verhüllt) schwatzhaft und freundlich damit auf, dem Ausländer Fragen zu stellen – selbstredend ohne ihm die Hand zu geben, was Personen unterschiedlichen Geschlechts unter allen Umständen verboten ist. Der Krieg im Irak scheint, anders als in anderen islamischen Ländern, keine antiwestlichen Gewalttätigkeiten provoziert zu haben; die Kundgebung an der britischen Botschaft – die einzige Straßendemonstration in den Wochen unseres Aufenthaltes dort – geht auf einen früheren Groll zurück.

Allerdings freuen sich viele über den Krieg im Irak, und sie haben so einige Gründe dafür: die Genugtuung, zu sehen, dass einem Land und einem Regime gehörig das Fell über die Ohren gezogen wird, das sie, von den Vereinigten Staaten aufgewiegelt und unterstützt, acht Jahre lang mit Raketen beschossen hat, die bis nach Teheran kamen; die Freude, den Westen in einem blutigen Sumpf versunken zu sehen, der seine Führungsrolle in der Welt zu schwächen droht; die Hoffnung, dieser unbesonnene Schlamassel könnte im Irak zu einer schiitischen Regierung führen, eine Möglichkeit, die Colin Powell in einer Erklärung erwog, über die die Presse ausgiebig berichtete; und die Überzeugung, dass die unvorhergesehenen (und aus Dummheit unterschätzten) Schwierigkeiten, auf die die Vereinigten Staaten bei ihrem Einmarsch in den Irak stießen, diese davon abhalten könnten, den Iran anzugreifen.

Es gibt jedoch, auch in diesem Punkt, eine offenkundige, große Meinungsverschiedenheit zwischen den Vertretern der Regierung (und auch der Bevölkerung, die wenig Begeisterung für sie hegt, jedoch noch weniger dafür, von Befreiern bombardiert zu werden) und dem vornehmen, gebildeten Bürgertum, das gegen die Ayatollahs ist, ohne dies äußern zu können. Ein Intellektueller, der lange Zeit in Europa lebte und lebt, erzählt mir, er habe seinerzeit auf einen Sieg Saddam Husseins über den Iran gehofft und die Unterstützung begrüßt, die die Vereinigten Staaten dem irakischen Tyrannen damals gegen den islamisch-fundamentalistischen Iran gewährten.

2. »Kampf der Kulturen«, »Krieg der Kulturen«, Schlagworte, die zu Beginn des dritten Jahrtausends immer häufiger ertönen, so wie sie auch vor rund einhundert Jahren während der großen irrationalistischen Krise Europas von einer Unzahl von Propheten im Munde geführt wurden, die den Untergang des Westens proklamierten, den Krieg zwischen den Rassen predigten und die Geburt des neuen Menschen ankündigten, eines erneuerten, reinen Adams, hervorgegangen aus regenerativen Blutbädern. Das apokalyptische Jahrtausendpathos berauscht sich an allumfassenden, hohlen Floskeln (»das Ende der Menschheitsgeschichte«) und deformiert den Lauf der Ereignisse zu einem großen Kitschroman, beherrscht von einem finsteren, erregenden Verhängnis, das die Menschen in funkelnden, spektakulären Weltuntergangszyklen mit sich fortreißt.
Zu den vielen Dingen, die die Kultur des Westens lehren kann, gehört zuallererst die nüchterne und klare Kritik jeder Emphase und jedes mystifizierenden Schwulstes; um die erschütternden Veränderungen der Realität zu verstehen, die sich mit einer verblüffenden Geschwindigkeit vor unseren Augen abspielen, sind konkrete und differenzierte Analysen nötig, keine bombastischen, leeren Synthesen. Konflikte sind – auf unterschiedlichen, unzivilisierten oder zivilisierten Ebenen – typisch für die Existenz menschlicher Gemeinschaften und können eine Quelle des Fortschritts sein, falls es gelingt, sie in humanistische Regeln zu kanalisieren. Wenn der Krieg, wie Clausewitz sagte, eine Fortsetzung der Politik mit anderen Mitteln ist, bestehen Kul-

tur und Demokratie in der Ausarbeitung von Mechanismen, die diesen Übergang zu brutalen Mitteln verhindern sollen, so wie sie verhindern, dass individuelle Konflikte mit physischer Gewalt gelöst werden. Der gegenwärtige anarcho-ultraliberalistische Fundamentalismus – der heute die westliche Welt mit seiner aufwieglerischen Unvernunft vergiftet und den Freiheitsgedanken verhöhnt, indem er ihn mit einer chaotischen Zügellosigkeit und mit einem wilden Dschungel verwechselt – schürt die Gewalt, weil er die Regeln, mit denen die Zivilisation sie im Zaum hält, unterminiert.

Nicht die »Kulturen« prallen hier aufeinander; Konflikte und Kriege entstehen aus Spannungen und Veränderungen, die sich nicht in die Ordnung eines Staates oder einer ausgewogenen Staatengemeinschaft eingliedern lassen. Der Erste und der Zweite Weltkrieg waren keine Auseinandersetzung im Sinne einer Götterdämmerung zwischen den germanischen, lateinischen und slawischen Kulturen, sondern das Ergebnis, der schreckliche, blutige Auswurf von Umwälzungen, die eine jahrhundertealte Ordnung in Europa erschütterten. Kulturen haben eine eigene Physiognomie, doch sie besitzen keine strenge und unveränderliche Identität, die vollkommen mit einem Land übereinstimmt. Die Demokratie ist einer mörderischen Diktatur grenzenlos überlegen, doch deswegen ist Dänemark, das die Scheußlichkeit einer solchen Diktatur nie erlebt hat, Deutschland noch nicht überlegen, wo diese Diktatur auf die unmenschlichste Weise ins Werk gesetzt wurde. Es ist müßig, sich zu fragen, ob der Islam eine höhere oder niedere Kultur sei, und dabei die Alhambra, die Scharia, Avicenna und die Infibulation gegeneinander aufzurechnen. Was zählt, ist, von Fall zu Fall und anhand einer konkreten Fragestellung zu wissen, worin die Kultur besteht und worin der Schaden besteht, der ihr zugefügt wird. Ohne jeden Zweifel geht der islamische Fundamentalismus, was auch immer die Gründe für sein Aufkommen gewesen sein mögen, heute mit schweren und manchmal schwersten Anschlägen auf die elementaren Menschenrechte einher, die viel größere Proteste bei den freiheitlichen Bewegungen im Westen auslösen müssten; man hat noch nicht viele Demonstrationszüge gegen die Steinigung von Ehebrecherinnen oder gegen die Enthauptung von Homosexuellen gesehen, wie sie in islamischen Ländern geschehen sind.

3. Roberto Toscano, der italienische Botschafter im Iran, der in diesem schwierigen Kontext eine außergewöhnlich aufgeklärte Arbeit leistet, indem er eine große Hilfsbereitschaft diesem Land gegenüber mit einer entschiedenen Wahrung unserer Werte verbindet, hält in der Universität von Teheran einen Vortrag über Menschenrechte und über Mittel und Wege, sie auf internationaler Ebene zu achten und zu garantieren. Die Zuhörer sind im großen und ganzen einverstanden, doch ein Intellektueller fordert eine Übereinstimmung von Religion und Recht; die religiösen Gebote und Vorschriften dürften sich seines Erachtens nicht darauf beschränken, eine Lebensauffassung anzuregen, die dann autonom auch ein juristisches System hervorbringt, sondern sie müssten unmittelbar die Gesetze des Staates

sein; auf diese Weise wäre es für einen Katholiken ein strafbares Verbrechen, wenn er am Sonntag nicht zur Messe ginge.

Hier verläuft eine unanfechtbare und unüberwindliche Grenze, über die nicht verhandelt werden darf, die vielmehr untermauert und verteidigt werden muss, nämlich die Unterscheidung zwischen der ethisch-religiösen und der juristischen Sphäre. Diese Unterscheidung ist ein universeller Wert und einer der Angelpunkte der westlichen Zivilisation. Die erhabene Bergpredigt des Evangeliums ist größer als jedes Gesetzbuch, doch ungeeignet, um als Gesetzbuch angewandt zu werden. Kulturen sind nicht statisch, sondern dynamisch und widersprüchlich; auch der Westen hat, obwohl in beschränktem Maße, hierokratische Herrschaftsformen kennengelernt, wie etwa – in bestimmten Zeitabschnitten – in den Kirchenstaaten oder in Theokratien wie kurzzeitig die calvinistische Republik Genf. Dennoch sind die Länder, in denen die calvinistische Religion vorherrscht, heute nicht totalitaristisch; im Gegenteil, sie gehören zu den demokratischsten, und der Calvinismus ist Ausgangspunkt vieler moderner Freiheiten. Der Islam war zur Zeit der arabischen Herrschaft in Spanien toleranter und liberaler als das Christentum. Das Gesicht der Kulturen verändert sich manchmal trügerisch, auch in der kollektiven Vorstellungswelt der anderen. Noch vor wenigen Jahren, als man unklugerweise und irrtümlich die Serben dämonisierte oder als die Sowjetunion unklugerweise Afghanistan überfiel, waren die Muslime – für die westlichen Medien – gut und anständig, tapfere Verfechter der Freiheit; heute werden sie in Bausch und Bogen nach Mustern verunglimpft, die dem schlimmsten serbischen Nationalismus entnommen zu sein scheinen. Kulturen und die Bilder, die man von ihnen hat, entwickeln sich mit der Zeit weiter und verändern sich, sie zerfallen in verschiedene, bisweilen gegensätzliche Elemente. Sie können – wie Roberto Toscano schrieb – nicht photographiert und in einem statischen Abbild festgehalten werden, als wären sie unbeweglich, nein, sie müssen gefilmt und in der Bewegung erfasst werden, die sie verändert.

4. Seit vielen Jahrhunderten ist der Iran das Land der Gärten, der Wasser und der Spiegel, besungen in einer Poesie und einer Mystik, die zur höchsten Weltliteratur gehören; Paradies bedeutet auf persisch soviel wie Garten. In dem Garten von Bagh-e Tarikhi-ye Fin unweit von Kaschan, der von Schah Abbas dem Großen bevorzugten Oasenstadt, fließt das Wasser mühelos durch die wendigen Kanäle, und die Welt wirkt frisch und friedlich; niemand kann so wie die mit Wüste und Hitze vertrauten Völker die geheimnisvolle Anmut des Wassers einfangen, die Anmut seiner farblosen Transparenz, des Fließens und Verwandelns, in dem es sich dennoch gleich bleibt, seines Ungestüms, das Kanal wird, Bewässerungsanlage, geometrische und doch unergründliche Ordnung. In der großen persischen Lyrik und in ihrer genialen Neudichtung und Neuschöpfung in Gestalt von Goethes *West-östlichem Divan* wird das Wasser, das sich im Spiel der Springbrunnen eine

veränderliche und stetige Form gibt, zum Bild des Lebens und seines Verfließens, der Stetigkeit und der Unvorhersehbarkeit des Eros, der rätselhaften Identität von Natur und Zivilisation, zur hervorsprudelnden Unordnung und zum geordneten Gefüge der Existenz.

Die Reise durch den Iran – durch seine Städte, seine kahlen Berge, seine trockenen Ebenen, seine plötzlichen sanften Oasen voller Grün, Blumen und Wasserspiegel – ist ein fortwährender Wechsel zwischen einem Gefühl von Fremdheit, einer aufgrund vieler unerträglicher Seiten des islamischen Fundamentalismus auch abstoßenden Fremdheit, und einem Gefühl von Vertrautheit, fast schon von gemeinschaftlicher Zugehörigkeit zu einer alten, großzügigen Kultur. Von den Ruinen von Persepolis bis zu den Spuren der Sassaniden, von den Dynastien der Abbasiden bis zu den Timuriden weht ein großer Geist des Reichs, des Staates, der ein Schmelztiegel für Stämme, Kulturen und Religionen ist, durchzogen von Straßen, die Wüsten und Berge durchschneiden und Völker, Gesetze und Aquädukte verbinden, ein stolzer Kampf mit der Zeit und der Glanz der von der Zeit zerbröckelten und zu Wüstenstaub gewordenen Ruinen. Natürlich sind Marathon und Salamis, die Griechenland retteten, noch heute unsere Siege, doch wir sind zugleich auch die Erben jener persischen Reiche, die zu einer Begegnung von Orient und Okzident führten, zu einer Begegnung zwischen der alten mesopotamischen Kultur und dem Judentum; die Erben jenes Irans, der sich dem zentralasiatischen Turan widersetzte, wie Griechenland sich dem Persien der Achämeniden widersetzte.

Während Qom, die heilige, von Priestern wimmelnde Stadt, den Eindruck eines exotischen, uns fremden Orients vermittelt und Teheran eine riesige Metropole ist, die in unzusammenhängende, vitale, verwahrloste Vororte ausufert, verraten andere Städte trotz der vorzivilisatorischen Unterdrückung durch das Regime einen Sinn für die *civitas*: das zauberhafte Isfahan – mit der unglaublichen Schönheit seiner blauen Moscheen, seiner Marktplätze und seiner Brücken über den Fluss, wo sich abends in heiterer Ruhe die Familien versammeln – oder Schiras, die Stadt der Rosen und der Poeten.

Die persische Dichtkunst trägt den Stempel des Klassischen; ihr *ruba'i* (der Vierzeiler, in dem der das Leben liebende und von dessen Nichtigkeit überzeugte Omar Chajjam seine berühmten *Rubaijat* schrieb) ist wie der Hexameter oder der Elfsilber eine universelle poetische Form. In diesen Wochen gedenkt man des Dichters Firdusi (auf farsi: Ferdósí), der vor mehr als eintausend Jahren das persische Nationalepos *Das Buch der Könige* geschrieben hat; zur Feier eines seiner Jubiläen legte man einen Teppich von 7,2 mal 2,7 Metern, an dem vier Menschen drei Jahre lang ununterbrochen gearbeitet hatten, auf sein Grab in Tus im östlichen Iran. Wie das Leben selbst ist auch die Erzählkunst ein Teppich, ein Sichkreuzen und Aufrollen von Schicksalen wie von verschiedenfarbigen Fäden; Ereignisse, Formen und Gestalten gewebt und aufgelöst von der Zeit, vom Zufall, von Gott, von unerbittlichen Notwendigkeiten oder von glückhaften Zusammentreffen, die mit Leidenschaft gleichermaßen erlebt, genossen und erlitten wurden. Das *Buch der Könige* ist kein exotischer, kein ferner Text, sondern ein großes Poem von Krieg, Abenteuer, Liebe, Glauben, Enttäuschung und Verhängnis, es ist Teil unserer Welt und unserer Phantasie, wie das *Rolandslied* und das *Nibelungenlied.* Ich hatte das Glück, es schon in meiner Jugend zu lesen und zu lieben, in der Übersetzung von Italo Pizzi aus dem 19. Jahrhundert, einem der vielen glanzvollen Beispiele für die italienische Philologie und ihre Weltoffenheit.

Zu den verschiedenen Erzählsträngen des Poems gehört auch eine archetypische Geschichte, die in zahlreichen, auch fernen, Literaturen auftaucht: das tragische Zusammentreffen von Vater und Sohn auf dem Schlachtfeld, bei dem der Vater den Sohn tötet und so sich selbst und sein Fortleben zerstört. Rustem, der iranische Achilles, ist gezwungen, Sohrab zu töten, seinen unbekannten Sohn, der unter fremden Fahnen kämpft.

Das *Buch der Könige* vermischt den Islam mit dem vorislamischen Erbe der persischen Tradition; die Verse seiner Vorrede, die Allah anrufen, gehören zu den höchsten Ausdrucksformen des muslimischen Monotheismus. Eine wahrhaftige Religiosität – wenn sie nicht zu einer Karikatur ihrer selbst verzerrt wird, die sie negiert, wie dies bei den Fundamentalisten geschieht – ist immer universell, sie gehört nicht nur dem, der sie als gläubiger Mensch explizit praktiziert. In Schiras verwandeln die von unzähligen Spiegeln reflektierten gleißenden Kristalle und die zu Licht werdenden Farben im wunderbaren Shah-Shiragh-Mausoleum die Welt in den Spiegel von etwas anderem. Hier erscheint der Tschador nicht länger als ein groteskes Diktat oder als eine kitschige Folklore, wie die venezianische Gondel in einer Glaskugel, sondern als rituelles Gewand, das diesem Ort des Gottesdienstes angemessen ist, den wir gern besuchen möchten, weshalb wir seine Regeln respektieren. Die Atmosphäre ist konzentriert, das Gebet hat eine beinahe schon körperliche Dichte. Einige misstrauische Blicke auf die ungläubigen Ausländer verlieren sich sogleich in versunkener Andacht. Als wir das Heiligtum, dessen Räume für Männer und Frauen strikt getrennt sind, verlassen und uns im Hof wiedertreffen, stellen J. und ich fest, dass wir am Grab des Heiligen beide spontan ein Ave-Maria gebetet haben, das zwischen den unterschiedlichen Formen des Glaubens – oder auch Unglaubens – vielleicht am stärksten aussöhnende Gebet, das anderen Glaubensrichtungen gegenüber weniger Anspruch auf Überlegenheit erhebt; kurz, das für einen Muslim noch am ehesten annehmbare katholische Gebet.

5. Staatspräsident Khatami beginnt seinen »Brief an das Morgen«, der groß aufgemacht und unter heftigen Diskussionen von der iranischen Presse auf farsi und auf englisch veröffentlicht wurde, mit dem Bild der Wüste, die Trokkenheit, Tod und Bedrohung ist, doch auch Prüfung, Geduld, Durchreise, Suche nach dem Wasser des Lebens. Letzteres wird für Khatami zum Symbol der Hoffnung auf eine – seines Erachtens notwendige, ja sogar »unumkehrbare« – Erneuerung im Leben des Landes. Er kämpft gegen fundamentalistischen Obskurantismus, für eine Trennung

von Religion und Politik und dafür, dass die nationale Unabhängigkeit, die der kolonialen Ausbeutung und der Versklavung durch fremde Mächte ein Ende machte, nicht länger Repression bedeutet, sondern Demokratie und Bürgerrechte.

Diese weltlichen – was nicht heißt: religionsfeindlichen – Werte machen die Größe des Westens aus, der sie mit seiner auf Macht und Ausbeutung ausgerichteten Politik übrigens nicht selten negierte und – in den Ländern, die er ausbeuten wollte – vor allem die modernisierenden und liberalen Kräfte gewaltsam unterdrückte, die ihr Land nach westlichem Vorbild zu einem freiheitlichen, unabhängigen und demokratischen Staat entwickeln wollten, der sich logischerweise nicht länger von fremden Mächten würde unterdrücken lassen. Wenn heute im Iran die tyrannische islamische Revolution wütet und den westlichen Fortschritt und Liberalismus verbietet, ist dies zum Großteil jenen westlichen Regierungen zu verdanken, die vor fünfzig Jahren mit einem Staatsstreich die Regierung Mossadegh und ihren Versuch zu Fall brachten, aus dem Iran ein demokratisches, weltliches Land zu machen, das selbst über sein Schicksal und seine Rohstoffquellen verfügt.

Khatami zufolge muss sich die islamische Revolution nach Erfüllung ihrer Aufgabe, das Land zu befreien, in einen weltoffenen, fortschrittlichen, normalen Staat verwandeln, in dem es – wie er mit einem Brecht-Zitat sagt – die traurige Notwendigkeit von Helden nicht mehr gibt. Sein Brief ist nämlich Teil einer erbitterten Auseinandersetzung innerhalb des Regimes, deren Ausgang schwer vorhersehbar ist. Khomeini, der höchste Ayatollah, der weitaus mehr Macht besitzt als Khatami, vertritt strikt freiheitsfeindliche Positionen und wird vom unnachgiebigen Flügel der Geistlichkeit unterstützt. Es hat den Anschein, als gäbe das Regime absichtlich widersprüchliche Signale. Es verurteilt den antifundamentalistischen Intellektuellen Hashem Aghajari zum Tode, doch der Oberste Gerichtshof annulliert das Urteil; man sieht keine Kommandos der Revolutionswächter und der Hüter der sexuellen Moral mehr in Aktion, doch das Auspeitschen als Strafe für selbst gemäßigte erotische Anwandlungen, einer Strafe, zu der es auch immer seltener oder fast nie kommt, ist bis heute eine legale Maßnahme und kann jederzeit angewendet werden, etwa bei jemandem, der sich mit seiner Meinung beim Regime unbeliebt gemacht hat, welches sein Interesse für das andere Geschlecht dann benutzt, um sich zu rächen. Den Frauen darf man zur Begrüßung nicht einmal die Hand geben, doch sie bekleiden durchaus hohe gesellschaftliche Positionen. Laut *Le Monde* stellen sie sechzig Prozent der Hochschulstudenten, und viele verwenden Verhütungsmittel. Die reformfreundlichsten Kräfte sind keineswegs die Jugendlichen, die unter dem Khomeini-Regime zur Welt gekommen und aufgewachsen sind, welches sie ja nicht als Schock, sondern als bereits gegebene Realität erlebt haben. Nein, ihre Mütter sind diejenigen – wie mir eine von ihnen erzählt –, die es etwa als Beleidigung empfinden, den Tschador oder zumindest ein Kopftuch tragen zu müssen, denn sie hatten in jungen Jahren eine westliche Modernisierung kennengelernt, die allerdings ebenfalls auf der Unterdrückung und sogar der Folter politischer Gegner basierte, wie es unter der Herrschaft des letzten Schahs üblich war, der sich, die Brust voller nicht auf dem Schlachtfeld erworbener Orden, gar nicht schnell genug aus dem Staub machen konnte, als sein Thron zu wackeln begann.

Die hochbegabte Malerin und Schriftstellerin Farideh Lashai saß damals in den Kerkern der berüchtigten Geheimpolizei des Schahs und beschrieb diese Erfahrung in einem Buch, das wegen der antirhetorischen Nüchternheit, mit der sie über das furchtbare Leiden berichtet, dem sie und eine ganze Generation ausgesetzt waren, Bestürzung bei ihren damaligen Glaubensgenossen und politisch verfolgten Gefährten auslöste. Ohne Emphase und sachlich über erlittene Grausamkeiten sprechen zu können, zeugt wie nichts sonst von innerer Freiheit, dieser Voraussetzung für eine bürgerliche Freiheit und zugleich deren Folge. Der Iran wird ein freies Land sein, wenn es nicht mehr nötig – und also nicht mehr möglich – ist, Bücher zu schreiben wie das hochinteressante *Lolita lesen in Teheran* von Azar Nafisi, einer inzwischen in die Vereinigten Staaten emigrierten Dissidentin: wenn die Lektüre von Nabokovs Meisterwerk also eine Selbstverständlichkeit sein wird, wenn sie weder eine unstatthafte Handlung sein wird noch eine mit unstatthafter Eitelkeit vollführte, denn das Ende des dummen, despotischen Verbots eines Buches wie *Lolita* (und anderer) wird zeigen, dass sein Wert nicht in seinem Thema liegt, einem nicht mehr und nicht weniger aufreizenden als andere, sondern in der Poesie, mit der es erzählt wird, und dass die Pädophilie an sich gewiss nicht interessanter ist als die voreheliche Jungfernschaft von Renzo und Lucia in Manzonis *Brautleuten*. Im Buchladen des Hotels Abbasi in Isfahan kann man auch das *Dekameron*, Kipling und Brecht kaufen, allerdings nur auf englisch.

Moralisch unterdrückende Gesellschaften sind auch für die Laster verantwortlich, die sie produzieren, und vor allem dafür, dass sie, überall Perversion witternd, den stumpfen Reiz der Perversion oder dessen, was man dafür hält, noch erhöhen. Dem Reinen ist alles rein, heißt es im Evangelium. Doch Nietzsche fügt hinzu: »Den Schweinen wird alles Schwein.«

6. Während das Khomeini-Regime zunächst unverhüllt brutal und repressiv vorging, scheint es nun eine stillschweigende Einschüchterung vorzuziehen. Du kannst tun, was du willst, heißt es, doch sie können mit dir machen, was sie wollen. Es ist erstaunlich zu hören, wie selbst Leute in bestimmten Positionen, wie etwa die offiziellen Reiseführer, die Regierung offen kritisieren und erzählen, dass höchstens zehn Prozent der Bevölkerung hinter ihr stünden, oder dass eine Doppelmoral herrsche, über die niemand spreche, über die jedoch alle im Bilde seien. Manchmal wirkt die Kritik geradezu künstlich, wie von den Behörden vorgegeben, um bei den Ausländern den Eindruck eines freieren Landes zu erwecken. Prostitution gibt es offiziell nicht, wohl aber, nur für Muslime, die Ehe auf Zeit: Mann und Frau gehen vor einem Mullah die Ehe ein, wobei sie genau festlegen, wie lange sie dauern soll, theo-

retisch also auch eine Woche oder eine Nacht, und dann ist alles erlaubt. Eine Redensart sagt: Tschador und nichts darunter.

7. Die Dichter sind in Wassernähe begraben, so auch Saadi und Hafis in Schiras; ihre Verse – besonders die von Hafis, dem persischen Lyriker par excellence – wechseln die Farbe und fließen, unverkennbar und veränderlich bis in alle Ewigkeit, wie das Murmeln dieser Wasser und des Lebens selbst. Der auch religiös verehrte Hafis besingt Gott, die Ewigkeit seines Atems und des ständigen Zerfalls alles Lebens in diesem Atem – der vielleicht ebenfalls ein vergänglicher Hauch ist –, doch er besingt auch Wein, Rosen, Nachtigallen, die Trunkenheit eines unerschöpflichen, leidenschaftlichen und leichten Eros. Eine kurzlebige Rose zu lieben heißt, die Rose zu lieben, die seit jeher, in Ewigkeit, in Gott blüht, wie es in einem Gedicht des großen Mystikers und katholischen Priesters Angelus Silesius aus dem 17. Jahrhundert heißt, einem Gedicht, das von Hafis stammen könnte oder auch von einem anderen mystischen Dichter aus einer anderen Zeit und aus einem anderen Land. Denn die Mystik ist die Aufhebung der Zeit, ist die Identität von Leben und Tod, vom individuellen Ich und vom Ganzen, in dem es aufgeht, während es sich im Schatten eines Gottes auflöst, der so unbestimmbar ist, dass er dem Nichts gleicht. Gott ist ein großes Nichts, sagen im Spätmittelalter viele deutsche katholische Mystiker immer wieder. Die Grenzen zwischen dem Glauben an einen transzendenten Gott und dem Glauben

an einen Pantheismus, in dem es Gott und auch den Menschen nicht mehr gibt, werden lockerer; für Rumi, einen weiteren großen persischen Dichter, bedeutet Gott zu erreichen die Selbstvernichtung des Schattens im Licht, das Sichbrechen der Welle im Meer. Glück und Verzweiflung, freudige Hingabe an die Liebe, die alles umhüllt und auflöst, oder Melancholie angesichts der Vergänglichkeit sind quasi ein und dasselbe; sie hängen von keiner religiösen oder philosophischen Anschauung ab, sondern von einem Gemütszustand, vielleicht davon, wie Endorphine auf denselben Reiz reagieren, auf die Rose, die an die gleiche, womöglich wiedergeborene, doch zweifellos tote Rose aus dem Vorjahr erinnert. Während Omar Chajjam das unaufhaltsame Kreisen der Sterne, die wie die Menschen Sklaven sind, mit düsterer Traurigkeit betrachtet, kann man von dieser monotonen Notwendigkeit des Universums ebensogut berauscht sein, wie sich Hafis am Entblättern der Blumen berauschte, an den geleerten Weinbechern und an den Mädchen und den Mundschenken, die sie wieder füllten. Die Poesie, mahnte im 14. Jahrhundert, wie schon früher die Griechen, der persische Gelehrte Schams e Queis, ist auch Lüge, Falschheit und maßlose Übertreibung.

8. Francesca Toscano führt uns zur armenischen Kathedrale von Isfahan. Die armenische christliche Gemeinde, die überwiegend im angrenzenden Viertel wohnt, hat einen gesetzlich garantierten Sitz im Parlament. Dokumente und Ausstellungsstücke erinnern an die Ausrottung der

Armenier, dem ersten Massenmord des 20. Jahrhunderts, verübt vor allem von den Jungtürken an etwa einem Drittel des ganzen Volkes; die Verlegenheit darüber, ob man dies als Genozid bezeichnen dürfe oder nicht, die die internationalen diplomatischen Diskussionen zu diesem Thema bestimmt, ist sehr bezeichnend. Diese Zeugnisse der Grausamkeit lösen bei uns allen Betroffenheit aus; ich überlege, ob dies in unserer Gruppe besonders für Nil Papa Cerrahoglu gilt, eine türkische Journalistin, die sich an der fortschrittlichen Front der Berichterstattung in ihrem Land engagiert und, zusammen mit ihrem Mann, seit vielen Jahren mit uns befreundet ist. Ich kenne die widersprüchlichen Gefühle nur zu gut, die jeder in einer solchen oder einer ähnlichen Situation empfindet, außer jemand, der durch einen blinden Nationalismus entmenschlicht ist. Angesichts eines schrecklichen Kapitels aus der Geschichte des eigenen Landes wird man schnell von gegensätzlichen Emotionen gepackt; man möchte es am liebsten übergehen und wegwischen, doch auch mit einer Erbitterung darauf zurückkommen, die heftiger ist als bei Verbrechen, die andere begangen haben; die philologische Sorge, möglicherweise übertriebene Details richtigstellen zu wollen, wird von der vielleicht nicht unbegründeten Angst gebremst, diese ehrliche Korrektur könnte unbewusst aus dem Wunsch erwachsen, das Geschehene zu verharmlosen, wie es vielen revisionistischen Historikern häufig passiert. Der Schuldkomplex, der nicht aus einem klaren moralischen Bewusstsein erwächst, sondern aus psychologischen Umwegen, ist ein schlechter Ratgeber.

Ist es richtig, ist es nötig, oder ist es gar falsch, sich für das verantwortlich zu fühlen, was andere Menschen und andere politische Kräfte unseres Landes, die wir vielleicht sogar bekämpft haben, verbrochen haben? Als Mussolinis Italien das bereits von den Deutschen niedergeworfene Frankreich angriff, überkam Pietro Nenni im französischen Exil der Impuls, sich bei seinen französischen Wohnungsnachbarn zu entschuldigen, doch vielleicht hätten sie ihm statt dessen danken sollen, denn es wurde auch für ihre Freiheit gekämpft. Gleichwohl trifft es auch zu, wie Croce in seiner Rede vor der verfassunggebenden Versammlung gegen den Friedensvertrag 1947 sagte, dass man sich von dem Guten und dem Bösen seines Vaterlandes nicht distanzieren kann. Von dem der ganzen Menschheit nicht, könnten wir hinzufügen. Dies vorausgeschickt, darf man nie vergessen, dass die Verbrechen und Grausamkeiten im allgemeinen nicht von den Deutschen, den Serben, den Muslimen, den Italienern begangen werden, sondern von bestimmten und genau zu benennenden Personen und politischen Kräften. Die Zeugnisse des armenischen Martyriums berechtigen natürlich nicht dazu, über die Türken von heute oder über die Türkei ganz allgemein herzuziehen, und auch nicht dazu – wie Giampaolo Papa anmerkt, der das Land als Diplomat und Politikwissenschaftler von Grund auf kennt –, die negativen Auswirkungen zu unterschätzen, die ein verächtliches Verhalten Europas gegenüber einer Türkei hätte, deren moderat islamische Regierung die Nähe zu Europa sucht und so den gefährlichen Fundamentalismus im Zaum hält.

9. Im Iran gibt es nur dreißigtausend Anhänger des Zoroaster, doch sie werden respektiert, und ihre Religion, die die persische Kultur grundlegend geprägt hat, ist offiziell anerkannt; wie Christen und Juden – und ebenso fanatisch vom islamischen Fundamentalismus gehasst wie diese – haben sie einen gesetzlich verbrieften Sitz im Parlament. Zoroaster (oder Zarathustra) ist einer der Begründer des Monotheismus; nicht von ungefähr kommen die Heiligen Drei Könige, also zoroastrische Priester, nach Bethlehem, um dem neugeborenen Jesus zu huldigen, ganz als wollten sie die Begegnung der transzendenten Religionen symbolisieren, und aus dem gleichen Grund stellt *Nathan der Weise*, Lessings Meisterwerk der Aufklärung über die Suche nach Wahrheit und religiöser Toleranz, einen Vertreter des Zoroastrismus neben die des Christentums, des Judentums und des Islam.
Zoroaster war nicht der erste, der die Vorstellung von einem einzigen und transzendenten Gott entwickelte, doch er war der erste, der das Weiterleben der menschlichen Seele nach dem Tod und ihr Heil oder ihre Verdammnis in Abhängigkeit von guten oder schlechten Taten verkündete. Nietzsche sah in ihm den ersten unter denen, die seiner Meinung nach die Verderber des Menschen waren: Sokrates, Platon und neben Jesus auch andere Religionsstifter, die dem freien, wilden Fluss des Lebens, das Gut und Böse nicht kennt, die Ketten der Moral, des Glaubens, der Werte und all dessen anlegen wollten, was das Leben zu transzendieren und zu unterdrücken sucht. Sein Zarathustra befreit, indem er sich von diesen Ketten befreit, auch

die Menschen und verkündet die Ankunft eines neuen Menschentyps und den Tod Gottes. *Also sprach Zarathustra*, Nietzsches einziges schlechtes, schrilles und emphatisches Buch unter seinen vielen genialen und poetischen Meisterwerken, ist weniger faszinierend als das *Zend-Awesta*, das heilige Buch des Zoroastrismus. Zoroaster, der heute in Tempeln des Feuers verehrt wird, starb als Märtyrer unter Stockschlägen. Einer der Grundbestandteile unserer Kultur, der Monotheismus, hat seine Wurzeln auch im Iran.
Die Bahais sind weitaus zahlreicher als die Anhänger des Zoroastrismus, doch ihre – im 19. Jahrhundert aus dem Islam hervorgegangene – Religion ist staatlich nicht anerkannt und ihre Ausübung untersagt. Im Grunde wundert sich – zu Unrecht – niemand darüber und niemand regt sich darüber auf, wohl weil ihre Ursprünge noch nicht weit zurückliegen und wir die Heiligkeit der Religionen nur spüren, wenn sie mit der Aura des Altertümlichen und längst vergangener Zeiten umgeben sind, und weil wir nicht glauben, dass in einer von uns nicht weit entfernten Zeit neue Offenbarungen stattfinden konnten – auch wenn die zeitliche Distanz zwischen Abraham und heute, gemessen an dem Alter oder auch nur an der Geschichte der Welt, äußerst kurz ist, nicht länger als ein Augenblick im Verhältnis zu Jahrtausenden.

10. Verdorrte Landschaften, Oasen voller Frische und Grün, das Gesicht der afghanischen Mädchen in Abyaneh, dem bezaubernden Dorf in den kahlen Bergen unweit von Kaschan mit seinen nach Osten, zum Sonnenaufgang, aus-

gerichteten Häusern. In der Nähe von Kaschan erhebt sich in einer unfruchtbaren, drückendheißen Gegend wie eine düstere archaische Gottheit eine Zikkurat, ein alter mesopotamischer Turm mit stufenförmig angeordneten Stockwerken, die sich wie eine Pyramide nach oben verjüngen. Die Zikkurat entfacht mit ihrer Aura längst vergangener Jahrtausende die westliche Phantasie – dunkle Verlockung aus Urzeiten, undurchdringliche Großartigkeit des Mythos, Turm zu Babel, Erstürmung des Himmels, Altäre von Götzen und erbarmungslosen Göttern. Die mutmaßliche Heiligkeit des Ursprungs macht, in manchmal auch groben Formen, besonders Eindruck auf uns postmoderne Menschen, die ängstlich oder zufrieden feststellen, dass wir heruntergekommene Epigonen sind, fern von den Quellen des Lebens. Heilig ist als Wort – und als Dimension – mehrdeutig; es heißt auch soviel wie verflucht, unantastbar, den Gottlosen bedrohlich verwehrt; die Menschen der Moderne empfinden sich in gewisser Weise alle als Gottlose, sei es, weil sie mit unterwürfiger Wonne akzeptieren, dass sie außerhalb des unzugänglichen Tempels der Götter bleiben, sei es, weil sie in periodischen Ausbrüchen von Bilderstürmerei sämtliche Tempel zerstören, die ihnen in die Hände fallen.

Wie jeder götzendienerische Aberglauben sind diese Heiligkeit und dieser Nimbus des Ursprungs eine Verblendung, oft sogar ein Betrug. Wahrhaft heilig ist der fromme Respekt vor der gesamten Schöpfung in jedem ihrer Momente, vor der gesamten Existenz – vor jedem Haus, in dem Menschen geboren werden und leben, vor jedem Weizenkorn, das stirbt und neu geboren wird. Wenn das Heilige zu einem dunklen Kult wird, welcher herausgehobenen und unecht mysteriösen Orten, Dingen oder Bildern vorbehalten bleibt, ist es ein Schwindel, ein Betrug oder ein Selbstbetrug, ein Zimmer, das im Dunkeln gelassen wird, damit man nicht merkt, dass gar nichts darin ist und dass der angebliche Gott ein Fetisch ist. Der Götzendienst, der Gott und das Göttliche zum Budenzauber herabwürdigt, ist der Feind der Religion. Der Ursprung – eines Menschen, einer Nation, einer Kultur – ist nicht heiliger als jeder andere Moment im Leben. Die falsche Heiligkeit ist Nötigung, ist die Angst und die Undurchsichtigkeit, die jede brutale Macht braucht, um andere zu versklaven.

Als ich auf diesen Turm zu Babel klettere, fällt mir ein Raum im wenige Tage zuvor besuchten Golestan-Palast wieder ein (dem Herrscherpalast in Teheran), der Raum, in dem 1943 Roosevelt, Churchill und Stalin zusammenkamen und – mehr als in Jalta – für die Dauer eines halben Jahrhunderts über die Aufteilung und das Schicksal der Welt entschieden. Diese geheimnisvollen Ruinen erinnern an Stalin. Der Kreml Stalins – ein Heiligtum der Gewaltherrschaft, des Dunkels und des Terrors – war auf seine Art auch so etwas wie eine Zikkurat. Beide aus sehr fernen Zeiten und, im Verhältnis zur Geschichte der Welt, zugleich ausgesprochen nah, zeitgenössisch, aus den Nachrichten von gestern abend.

11. Teheran. Im Haus der Künstler, um über Grenzliteratur und über die Themen zu sprechen, die durch einen solchen Vortrag jedesmal in neue Formen und neue Zusammenhänge gestellt werden: Entwurzelung, Exil, Migrationen, Zwangsidentitäten, ethnische, politische oder religiöse Reinheiten und Säuberungen, Rassenmischungen. Im Publikum sind Studenten, Diplomaten, Professoren, Intellektuelle, Schriftsteller; auch viele Frauen, die besonders nachdrücklich ein offenes Gespräch fordern. Als konkrete politische Themen berührt werden, hat die Diskussion natürlich Grenzen. Ich merke, dass ich nicht genau weiß, für welchen Ton ich mich entscheiden soll und wo die Grenze zwischen der Achtung vor der Wahrheit und der Achtung vor den Menschen ist, zwischen der verantwortungsbewussten Umsicht, andere nicht in Schwierigkeiten zu bringen, und der konventionellen Vorsicht. Es wäre mir ein leichtes, von Freiheit, Demokratie und Westen zu tönen, ohne mich darum zu scheren, ob ich andere Menschen in Verlegenheit bringe, und ohne einen Preis dafür zu zahlen, während ich zuließe, dass eventuell sie dafür zahlen müssen. Die Ethik der Verantwortung, die nicht nur die Reinheit der Ideale im Blick hat, sondern auch deren Konsequenzen für andere, ist ein Grundbaustein des zivilisierten Lebens und der Demokratie. Doch nie spürt man stärker als auf Reisen, wie schnell sie sich in unfreiwilliger Komplizenschaft oder zumindest in sträflicher Neutralität auflösen kann. Die Einheimischen, die Ortsansässigen sind gezwungen, die Realität, in der sie leben, gründlich einzukalkulieren, ohne sich zu drücken, wie es hingegen je-

mandem gestattet ist, der in der Nacht darauf unter einem anderen Himmel schlafen wird. Reisen ist unmoralisch, sagte der unerbittliche Weininger. Doch er sagte es auf einer Reise …

5. – 11. September 2004

Die Grenzen Vietnams

1. *Hanoi*. 1975 fuhr Huu Thinh am Steuer eines Panzers in das kaputte Saigon ein, das sich schmachvoll ergab, heute ist er Vorsitzender des vietnamesischen Schriftstellerverbandes. Doch erst kürzlich ist er von einer Reise in die Vereinigten Staaten zurückgekehrt – erzählt er uns beim Abendessen in einem Restaurant im französischen Kolonialstil –, wo er einen Gedichtband veröffentlicht hat, *The Time Tree* (Der Baum der Zeit). Bei der Lesung seiner Gedichte in New York gab es anfangs bissige Proteste von Emigranten, die alte südvietnamesische Armeeuniformen trugen, doch die Amerikatournee war ein literarischer Erfolg und auch eine Erfahrung des Dialogs und der Begegnung. Auch einer seiner beiden Übersetzer, Nguyen Qui Dúc, hat Vietnam verlassen, als Kind, und diese Übersetzung ist für ihn nun eine Möglichkeit, diese Wunde zu heilen, diese Grenze des Krieges und des Exils, die ihn von seinem Land und von sich selbst trennt, zu überwinden. Ein Gedicht von Huu Thinh spricht von einem Bruchstück des Lebens, zurückgelassen im Fluss der Jahre und der Dinge. Ist es möglich, die Teile unserer selbst wiederzufinden, die die fortwährenden Risse des individuellen und des kollektiven Lebens von uns trennen und in den wegströmenden Fluss werfen? Frieden bedeutet auch Aussöhnung mit allem, was ein Teil von uns ist, mit dem eigenen Land und mit der eigenen Geschichte.

Der Frieden ist manchmal schwieriger als der Krieg, und niemand weiß das besser als die Kommunisten, die oft die Helden und genialen Sieger von letzterem waren und die ungeschickten und despotischen Verlierer von ersterem. Vietnam gelang es immer wieder, die um vieles stärkeren Invasoren zu bekämpfen und zu besiegen. Die Heldentaten des letzten, ruhmreich gewonnenen Krieges gegen die Franzosen und später gegen die Amerikaner, die die Vietnamesen zu den Erben der Helden der Thermopylen machten, stehen, wie ein berühmtes Theaterstück von Peter Weiss in Erinnerung bringt, in der Tradition von Siegen, die in den vergangenen Jahrhunderten oder in jüngerer Vergangenheit über die Mongolen und über die Chinesen errungen worden waren. Als sich vor Jahren der Konflikt mit Südvietnam und den Vereinigten Staaten zuspitzte, sah ich im (wohl deutschen oder österreichischen) Fernsehen zufällig ein Interview mit einem nordvietnamesischen Führer, der erklärte, sein Volk, das seit so vielen Jahren und über mehrere Generationen hinweg in den Krieg verwickelt sei, laufe ernsthaft Gefahr, Leben und Krieg gleichzusetzen und das Leben nicht ohne Krieg begreifen zu können.

2. Doch jetzt bin ich es, der an den Krieg vor dreißig Jahren denkt, an die Tet-Offensive und an den Ho-Chi-Minh-Pfad, viel mehr als meine vietnamesischen Gäste und Gesprächspartner. Die Stadt – wunderschön, beileibe nicht reich, doch von einer offenen, freundlichen Vitalität, mit ihren Straßen voller Menschen und voller Motorräder aller Art und mit ihren Pagoden an den Seen – erinnert an Frie-

den und an ein bescheidenes, fleißiges Leben, nicht an die jahrelang niedergegangenen Bomben. Die räumliche Entfernung wird für den unvorbereiteten Reisenden schnell zu einer zeitlichen, die ihn in eine überwundene Vergangenheit zurückversetzt. Nach dem heldenhaften Sieg kam der Wiederaufbau, doch auch die brutale Unterdrückung, die als Umerziehung kaschierte Rache, die Verfolgung der *boat people*, die verheerende und ungerechte Bodenreform – die heute offen kritisiert wird – mit ihrer Kollektivierung, die zahllose Kleineigentümer überrannt und neue Profiteure und Günstlingsgeschäfte gebracht hat. Doch es gab auch den Aufbau von Bildungseinrichtungen und in vielen Bereichen eine neuerlangte Würde. Für dieses Nachkriegsvietnam fehlt es an Interesse, was einem Land gegenüber, das außerordentlich interessante Aspekte aufweist, eine schwere Unterlassungssünde ist. Erstaunt nehme ich zur Kenntnis, dass ich der erste italienische Schriftsteller bin, der seit dem Kriegsende nach Vietnam gekommen ist.

3. Die Studenten und Dozenten eines vor kaum einem Jahr eingerichteten Studienkurses für Italienisch empfangen den Besucher in der Universität mit der feierlichen und fast schon zeremoniellen Gastfreundschaft längst vergangener Zeiten. Lehrerinnen und Studentinnen tragen das lange Gewand für besondere Anlässe, das eine geheimnisvolle, zarte Schönheit unterstreicht. Ihre Liebe zu Italien ist groß, auch dank des klugen, aufgeklärten Wirkens unseres Botschafters Luigi Solari, und ihre Kenntnis des Italienischen höchst bemerkenswert. Das Gespräch mit ihnen

ist intensiv und sprunghaft. Die – vor allem weiblichen – Lehrkräfte kennen die italienische Universität genauso wie ich und sind in der Lage, bei ihren Schülern ein großes Interesse für unser Land zu wecken. Professor Nguyen van Hoan, spezialisiert auf Dante und den Humanismus, spricht über die erste vietnamesische Version der *Göttlichen Komödie*, die – unvollständig – in der Übersetzung von Le Tri Vien und Khuong Huu Dung 1979 in einer Auflage von 10 000 Exemplaren erschien, was für ein vom Krieg geschwächtes Land außergewöhnlich war, und die begeistert aufgenommen wurde – trotz der kulturellen Unterschiede zwischen Italien und Vietnam, trotz der Probleme beim Übersetzen aus einer vielsilbigen Sprache wie dem Italienischen in eine einsilbige Sprache wie das Vietnamesische und trotz der Schwierigkeiten, in einer Phase, da Krieg und Nachkriegszeit alle Kräfte banden, Zeit und Energie auf dieses Unterfangen zu verwenden.

Der Professor, übrigens ein leidenschaftlicher vietnamesischer Patriot, erinnert auch daran, dass ein anderer Gelehrter, Professor Dang Thai Mai, dessen Schriften über Humanismus und Renaissance den Boden für die Dante-Rezeption bereiteten, kritisiert worden war, weil seine Forschungen nicht den unmittelbaren strategischen Erfordernissen des Landes dienten. Liest man die Aufsätze von Nguyen van Hoan über Dante oder über die südvietnamesische Volksdichtung Cao-Dai (»Sich lieben heißt, auch den Weg zu lieben, den man gemeinsam geht«), gewinnt man einen Eindruck von der Universalität der Poesie, der Menschheit, die Goethes Dichterfreund Herder einst als

einen großen Baum mit einer Mannigfaltigkeit von Blättern, Wurzeln, Ästen und Blüten gepriesen hatte.
Die fehlende Kontinuität der Information sticht natürlich ins Auge. Das neueste aus dem Italienischen übersetzte Buch, erfahre ich, ist Dino Buzzatis *Tatarenwüste*, 1940 auf italienisch erschienen; es ist verwunderlich, dass Ecos *Name der Rose* nicht übersetzt und sowenig bekannt ist; in einer Diskussion über Grenzliteratur, in die Ha Minh Duc im Französischen Kulturinstitut einführt, gibt sich ein vietnamesischer Autor als begeisterter Leser des berühmten italienischen Schriftstellers Carlo Rossi zu erkennen und ist überzeugt davon, einen berühmten Namen wie Moravia auszusprechen, so dass ich nicht den Mut habe, ihm zu gestehen, dass ich nicht weiß, wer das ist. Solche Dekompensationen sagen viel aus über den kulturellen Austausch, seine Grenzen und seine Missverständnisse. Trotzdem ist es keineswegs schwer, diesen Menschen von meiner Welt zu erzählen. Vielleicht ist diese Welt gar nicht so weit von ihrer entfernt, denn sie spüren, hautnah, sehr wohl, was eine Grenze bedeutet, der durch sie verursachte Riss, das Verlassen der Heimat, die Entfremdung.

4. Ein Land kennenzulernen heißt für mich auch, in sein Meer zu springen, die Dichte des Wassers zu spüren, seine Helligkeit und Klarheit wahrzunehmen und seinen Geschmack – natürlich ist der Bewertungsmaßstab und Bezugspunkt, wie auch für Raffaele La Capria, immer das Mittelmeer, für ihn das Tyrrhenische Meer bei Neapel, für mich die Adria vor Istrien und Dalmatien. Das Wasser in der

Bucht von Halong ist jadegrün, dicht, ohne trüb zu sein, von tropischer Wärme; ein letzter Schluck Sommer, ein Sommer, der keine flüchtige Jahreszeit zu sein scheint, sondern eine Daseinsform, ein Zustand. Zauberhafte Inseln und Felsen fassen die weite Bucht ein; das Boot fährt dicht an schwankenden, bröckligen und schlammigen Grotten vorüber. Die Landschaft beschwört weniger das heutige Vietnam als vielmehr die Atmosphäre der Romane von Greene oder der Duras herauf. Das Tropische ist auch ein Eintauchen in die tiefen Schichten der Wirklichkeit, in einen Lebensschlamm, mild und weich wie der Geruch der Durianfrucht, vor deren Mitnahme ins Zimmer die Reiseführer warnen und die schon der arme Emilio Salgari, der wahrscheinlich nie Gelegenheit hatte, sie zu kosten, als für den europäischen Gaumen bitter beschrieb. Sogar Geschmacksempfindungen, Gerüche, die sinnlichsten Details kann man auch ausschließlich auf dem Papier finden, wenn man zu Hause bleibt und wie Salgari nur in seiner Bibliothek reist. Auf dem Rückweg nach Hanoi, im Zauber des feucht und rasch anbrechenden Abends, in einem Unterwasserlicht – bewässerte und bebaute Felder, Büffel auf den Äckern, Häuser, die sonderbar schmal sind, weil sich die anfallenden Steuern nach der Breite der Fassade richten. Unter großen, konischen Hüten hin und wieder ein wunderschönes Frauengesicht; ein Blick hebt sich zum vorüberfahrenden Auto und verschwindet kurz danach, er bleibt zurück, eines von den vielen Dingen, die zurückgelassen werden.

5. Das von der Einheitspartei regierte Land lehnt die westliche Demokratie aus ideologischen Gründen ab, obwohl die Rede, mit der Ho Chi Minh am 2. September 1945 die Unabhängigkeit der Demokratischen Republik Vietnam verkündete, voller Bezugnahmen auf die amerikanische Unabhängigkeitserklärung war. Heute prangert eine lebendige, mutige Dissidentenliteratur die Kontrolle durch Staat und Partei an, die Verstöße gegen die Freiheit und ein schmeichlerisches Schmarotzertum, wobei sie häufig politisches Engagement mit sprachlichen Experimenten und mit der Suche nach neuen Ausdrucksformen verbindet. Fast immer handelt es sich um Schriftsteller, die für die Befreiung ihres Landes gekämpft haben, so auch Bao Ninh – ein vietnamesischer Remarque –, dessen Buch *Das Leid des Krieges* mit lakonischer Kraft die Verwüstungen eines Krieges schildert, dessen Front überall ist, oder Duong Thu Huong, die während des Krieges an der Spitze einer Jugendbrigade stand und sich später für die Menschenrechte engagierte, aus der Partei ausgeschlossen und für kurze Zeit inhaftiert wurde und Vietnam vor wenigen Wochen Richtung Frankreich verlassen hat. In ihren eindringlichen Büchern – *Paradies des Blinden* und *Landungssteg der Frauen ohne Ehemann* – verbindet sich eine gesellschaftspolitische Kritik mit der Evokation einer tragischen, doch bezaubernden Landschaft. In dem Roman *Die Kristallbotin* von Pham Thi Hoai gestaltet sich die Anklage hingegen subtil und grotesk, sie schildert eine Welt der Leere und der Abwesenheit und wird auch zur Metapher einer existentiellen Fehlanpassung, einer Wachstumsverweigerung.

Die Kritik von innen ist vermutlich genauer und wirksamer als die der Exilautoren, die leider, wenn auch verständlicherweise, von Ressentiments geprägt ist, durch die die Sicht häufig getrübt oder verzerrt wird. Neben dem offiziellen Schriftstellerverband und den Dissidenten gibt es auch freie Verbände wie das Ost-West-Zentrum, das von Hoang Thuy Toan geleitet wird, ein äußerst aktiver Kreis von Autoren, Übersetzern und Literaten, mit denen die Diskussion sofort aufgeschlossen und auch bei heiklen Themen freimütig und großzügig ist. Diese Herzlichkeit scheint die Menschen unabhängig von ihren kulturpolitischen Positionen zu vereinen. Beim Abendessen sitzen alle freundlich beisammen, offizielle – oder zumindest integrierte – und oppositionelle Autoren, wie etwa Nguyên Huy Thiep, der Verfasser des Romans *Der pensionierte General*, der wegen seiner harschen Kritik und seines sprachlichen Erfindungsreichtums großes Aufsehen erregte. Es ist nicht gesagt, dass Bao Ninh so ganz recht hat, wenn er schreibt, der glühende Eifer, der das Land seinerzeit rettete, sei heute verschwunden.

6. Die Pagode von Trân Quóc am Westsee in Hanoi – durch das viele Wasser wird die Stadt anmutiger und leichter – gehört zu den ältesten des Landes. In ihren Gärten befinden sich die Grabmale einiger Mönche und das Grab des Priesters, der der Vorgänger des jetzigen ist. In einigen Jahren wird man es dem Brauch gemäß verlegen; der Tod ist kein endgültiger Besitz, auch nicht einer Grube, sondern ein weiteres Vorübergehen, eine Durchreise wie alles an-

dere auch. Eine Trauerfeier ist im Gang. Mehrere buddhistische Mönche beten. Verwandte und Freunde des Verstorbenen sitzen beim Totenmahl. Nachdenkliche, freundliche Gesichter, einladende Gesten. Eine alte Frau bietet J. ein paar Äpfel an, für sie und für mich; so nehmen auch wir zwei für einen Moment an diesem Gemeinschaftsmahl für einen unbekannten Bruder teil, der uns zurückgelassen hat. Fremde, andere Gebete, die nachzuahmen lächerlich wäre. Wie recht der Dalai Lama doch mit seiner Mahnung hat, nicht von einer Religion zu einer anderen zu wechseln, auch nicht zu der seinen. Wie jeder Dialog muss auch der ökumenische die Unterschiede wahren, er ist eine Begegnung unterschiedlicher Menschen. Gerade dies ermöglicht es, sich anzunähern, sich in einer gemeinsamen *pietas* vereinigt zu fühlen, über die eigenen Besonderheiten hinaus.

7. Ein Tempel ist der Literatur gewidmet. Im Unterschied zu einer Pagode hat ein Tempel nicht zwangsläufig eine religiöse Bestimmung; er kann Institutionen, Werten und Traditionen in einem Geist vorbehalten sein, der im weiteren Sinne religiös ist – als eine Verehrung des Lebens, der Geschichte und der Erinnerungen. Dieser hier, eine Universität, die auf das Jahr 1079 zurückgeht, ist insbesondere den Gelehrten und Literaten vorbehalten, die seit 1442 die Doktorwürde erlangt haben. Zahlreiche Studien erinnern an die Kandidaten und die erzielten Noten. Nur selten habe ich einen so tiefen Respekt vor dem Studium erlebt, vor der Tradition, den Ausschreibungen, den Prüfungen,

den Zeugnissen; auch das trägt zur Stabilität eines Landes bei, erhöht seine Fähigkeit, zu wachsen und zu widerstehen. Vielleicht hilft es, Grammatik und Syntax besser zu kennen – und sei es die passive, umschreibende des Lateinischen –, um auch die Menschen zu kennen, um weniger unvorbereitet im Chaos der Welt zu sein. Im Tempel gibt es in einer Buchhandlung auf englisch auch ein Buch von Robert McNamara, der zur Zeit des Krieges amerikanischer Verteidigungsminister war: *Vietnam. Das Trauma einer Weltmacht*. Hinterher ist man immer schlauer, sagt das Sprichwort …

8. Ein Sinnbild der Realität und der Literatur ist der Bastard, das unerwünschte Kind einer Vietnamesin und eines amerikanischen Soldaten, der nach der Niederlage meistens nicht nur das Land, sondern auch die Familie verlassen hat. Häufig waren diese Kinder des Krieges, ebenso wie die kleinen Landbesitzer nach der Bodenreform, Übergriffen, Ausgrenzung und Gewalt ausgesetzt, auch untereinander uneins, zerrissen von einer Grenze aus Hass, die durch ihren Körper verlief. So heißt etwa der autobiographische Roman von Kien Nguyen über diese harte Odyssee *Unerwünscht*. Dieses Werk ist auf englisch geschrieben wie auch das der vietnamesisch-amerikanischen Autorin Le Ly Hayslip, die zusammen mit Jay Wurts in ihrem Buch *Als Himmel und Erde vertauscht waren* die Grausamkeiten schildert, die von allen Seiten verübt worden waren, von den Franzosen, den Vietcong, von den Amerikanern, von den Südvietnamesen und von den Verbündeten und Schergen

der einen wie der anderen. Krieg und Gewalt suchen in diesen Werken besonders die schwächsten Momente des Lebens heim: die Kindheit, das Alter, das ungeborene Leben. Das der Brutalität erbarmungslos ausgesetzte Kind, auch das ungeborene, ist ein wiederkehrendes Motiv, ein tragisches, anrührendes Bild für den wehrlosen, nackten Menschen.

Diese Exilschriftsteller idealisieren die vorkommunistische Realität nicht; in seinem Roman *Im Schatten des Mangobaums* beschreibt Kien Nguyen die Unmenschlichkeit der feudalen und kolonialen Vergangenheit. Doch wie es Exilautoren häufig geschieht – und um so mehr, wenn sie aus einer sehr fernen Kultur stammen –, laufen sie bisweilen Gefahr, »für die anderen« zu schreiben, wie in einer Art unfreiwilligem Literaturaufbaukurs für Ausländer.

9. Nicht immer lässt sich ohne weiteres sagen, auf welcher Seite der Fortschritt ist. Während der französischen Kolonialzeit im 19. Jahrhundert befürwortete ein Intellektueller wie Tôn Tho Tüöng die Kollaboration mit den Invasoren, weil er in ihnen auch die Boten einer Modernisierung sah, die alte Fesseln löste; ein anderer, Phan Thanh Gian, war ein Patriot, der sich gegen Kompromisse mit der ausbeuterischen Besatzungsmacht stellte und archaische Werte, reaktionäre Traditionen und feudale Rangordnungen pries. Das erinnert an einen fabelhaften Text von Cesare Cases, in dem er einen seiner Vorfahren beschreibt, einen Rabbiner aus Reggio, der sich gegen Napoleon, den Ersten Konsul, stellte und ihn bezichtigte, mit seinen Maß-

nahmen, die alle Bürger gleichstellten und die Rassendiskriminierung und die Ghettos abschafften, die jüdische Identität zu zerstören.

10. Das Mausoleum für Ho Chi Minh ist geschlossen. Zu dieser Jahreszeit wird seine Mumie restauriert, damit sie sich besser hält. Einer Großstadtlegende zufolge, erzählt uns unsere Begleiterin, wird die Mumie für dieses Lifting nach Moskau geschickt, einem Ort, der für solche Operationen heutzutage wenig überzeugend wirkt. Man ist versucht, sich diesen Geheimtransport vorzustellen, die im Zug verstaute Mumie, ihre Leibwachen und mögliche Zwischenfälle auf der Reise. Der kleine Teich mit den großen Seerosen vor uns passt nicht zu diesen grotesken Phantastereien, wie auch die Gedichte nicht dazu passen, die der große Revolutionsführer – auch im Gefängnis – geschrieben hat. Klassische Gedichte, Abendhimmel und hoch über dem Gefängnis fortziehende Wolken, eine Flöte und eine Frau in der Einsamkeit, das Individuum – weder hochfahrend im Zentrum noch unbedeutend oder nebensächlich – am richtigen Platz in der Natur. Dichten, so heißt es bei ihm, hilft, auf die Freiheit zu warten.

11. Familiäre *pietas*, eheliche und häusliche Liebe sind in der vietnamesischen Tradition fest verankert. Diese reine Zärtlichkeit schließt Gefühlsverwicklungen nicht aus, löst sie jedoch in einer klaren, unzweideutigen Intensität der Empfindungen auf. Davon erzählt die Geschichte einer Frau, die wieder geheiratet hat, nachdem sie ihren ersten,

ständig betrunkenen Mann verlassen hatte, diesen als Bettler wiedertrifft und ihm dann hilft. Als sie ihren Ehemann kommen sieht und fürchtet, er könne einen falschen Verdacht schöpfen, versteckt sie den anderen unvorsichtigerweise im Backofen, wo er stirbt, wo vor Gewissensbissen auch sie im Feuer umkommt und wo schließlich ihr zweiter Mann den Freitod findet, weil er ohne sie nicht leben kann. Die mehrfache, einhellige Liebe – doch klar und rein, so dass sie die des Paars nicht verletzt – ist ein uralter Traum. Den träumte auch Goethe in seinem Schauspiel *Stella*, nur dass es darin um einen Mann mit zwei Frauen geht, während die vietnamesische Geschichte, wie um die von der feudalen und bäuerlichen Tradition unterdrückte Würde der Frau wiederherzustellen, von einer Frau und zwei Männern handelt.

12. Wir kehren nach Hause zurück. Viele meiner Freunde fragen mich, wieso es mich denn nicht ermüdet, so viel und so oft in so weite Fernen zu reisen. Dabei ermüdet man doch vor allem zu Hause, in der eigenen Stadt und in der eigenen Welt, aufgerieben von Sorgen und Pflichten, durchbohrt von tausend täglichen, banal giftigen Pfeilen, erdrückt von den Götzen des eigenen Stammes. Außerdem spielt sich, im guten wie im schlechten, das Leben, das Glück und das Unglück, die Leidenschaft und das Schicksal zu Hause ab. Eine Reise, selbst die passionierteste, ist immer Pause, Flucht, Verantwortungslosigkeit, Erholung von jedem wahren Risiko. Wir kehren also nach Hause zurück, in die erwachsene, seriöse, aufdringliche Welt.

Manchmal möchte man, wie der Protagonist in dem Film *Mua Oi* (Die Zeit der Guaven) von Dang Nhat Minh, wirklich nicht wachsen, sondern kleiner werden und sich womöglich, wie im Märchen die Zwerge unter den Pilzen, unter einem der großen vietnamesischen Hüte verstecken, die man, wie es sich gehört, als Andenken mit nach Hause nimmt.

14. Dezember 2003